AF606204

EL AMOR DE DIOS

Francisco José Fernández García

EL AMOR DE DIOS

SENDEROS

ISBN: 978-84-124528-9-1
DL: SE-838-2025

PRODUCCIÓN EDITORIAL: Los Papeles del Sitio
DISEÑO DE CUBIERTA: Laura Anaya

EDITORIAL SENDEROS
C/ Poeta Manuel Benítez Carrasco – Bloque 6 – Local 7
41013-Sevilla (ESPAÑA)

ÍNDICE

PRÓLOGO

Cuando fue concluida esta obra en el año 2017, cuantos tuvimos la ocasión de conocerla encontramos en ella un texto teológico de gran nivel, en el que se intuye la sensibilidad de quien la escribió y, sobre todo, el rigor de la investigación que llevó adelante para su composición. Hoy, sin embargo, ya no es posible leerla únicamente de esta manera. La conmoción que rodeó los últimos meses de vida del autor, el sacerdote Francisco José Fernández García, es la expresión viva del contenido de las páginas que el lector tiene hoy entre sus manos y nos hace entender que no se trataba —tampoco entonces— de un ejercicio abstracto, ni siquiera de una oportuna reflexión académica. El misterio del Amor de Dios, que vertebra la obra, no puede ser abordado desde una fría distancia, ni procurando la neutralidad de una expresión desvinculada del corazón de su mensaje. Al contrario, hablar de la Caridad divina implica ineludiblemente la propia existencia, puesto que toca cada uno de los ámbitos que la conforman, en los que emerge el sentido de la vida. En verdad, este libro plasma una reflexión nacida de la vida de la fe —que desborda toda previsión interior— que encontró en el amor divino una verdad que se da a la compresión intelectual, pero sobre todo una alegría que es capaz de colmar la existencia con su ternura. Sin embargo, ¿cómo comprender un amor tan grande, tan universal, y al mismo tiempo tan personal? ¿Qué significa vivir en la certeza de ser amados por Dios? Y, sobre todo, ¿de qué modo aparece implicada la propia vida del autor de este libro en sus páginas?

¿Pueden acaso ser rastreados en ellas los fundamentos de su mismo carácter?

No será difícil para quienes lo conocimos, percibir, en primer lugar, cómo el tratamiento del amor de Dios revela una «confianza» que caracterizó la propia vida de Francisco José Fernández. «Dios hace partícipes a los seres humanos de su capacidad para entablar una relación de amor semejante a la que constituye su esencia; pero esta relación está mediada por la confianza que los hombres tengan en Dios». El primer libro de los Reyes narra la suerte de una mujer viuda que se disponía para la muerte, cuando recibió la presencia de un «hombre de Dios» que demandó de ella una confianza contra toda esperanza. Ese acontecimiento, verdadera provocación que muestra una realidad más profunda de lo que los sentidos captan, cambió por completo su destino, de manera que el encuentro con el profeta Elías, el hombre de Dios, supuso un nuevo horizonte de vida y de plenitud (1Re 17, 16). Este testimonio de confianza revela el carácter insondable de una fe que ha marcado el desarrollo de la historia y que en la vida del autor supuso el inicio de un camino ilusionante de seguimiento a Jesucristo, el Hombre de Dios, del que el profeta Elías era un signo. La felicidad de la determinación que respondía a la llamada del Señor al sacerdocio no fue, sin embargo, una alegría utópica que se evade de la realidad, sino una aceptación de los obstáculos y las dificultades del camino, que no le impidieron abandonarse por completo en las manos de Dios sin postergar su entrega. Como la viuda de Sarepta ante el profeta Elías, también Francisco José Fernández se despojó por completo del contenido de la orza y de la alcuza, con la confianza de que el Amor de Dios cambiaría el luto en gozo, de modo que la muerte para la que se preparaba y que afrontó con serenidad sería trocada, por este Amor, en vida verdadera.

En segundo lugar, emerge en el libro la «certeza de la razón» que, aún limitada, entrevé un misterio que la supera y al que puede adherirse mediante el conocimiento. El libro reconoce la capacidad del ser humano para acceder a Dios por medio de una sabiduría natural que arranca de la vida del sujeto mismo y del cosmos. Pero, a la vez, el conocimiento positivo es incapaz de alcanzar la verdad del amor. Como la muerte, el propio amor revela el límite del egoísmo humano y de cuanto desborda el límite de la razón. La revelación de Dios transmite algo que por sí mismo el ser humano no puede alcanzar y lo ilumina, constituyéndolo además en interlocutor divino, dispuesto a recibir su mensaje y a entablar una relación con Él, una historia de amor. De la misma forma que el amor sólo con el correr de los años alcanza toda la plenitud y profundidad que en el primer encuentro no se presentía, así también la verdad comienza a desplegar su inagotable riqueza únicamente en el trato frecuente con ella. En el mar de Galilea, Jesucristo resucitado se aparece a los discípulos que vuelven a la orilla tras una noche de pesca infructuosa. Sólo los ojos del discípulo amado son capaces de reconocer la presencia del Señor y de señalarlo a los demás. En ese contexto, después de haberlo negado en su Pasión, el apóstol san Pedro, en un diálogo con Jesús resucitado, confiesa tres veces su amor. Jesucristo, que no deja de dirigir la vida de sus apóstoles con el don de la gracia, le advierte que será conducido por caminos que no concuerdan con la lógica de los hombres. Francisco José Fernández fue llamado a abandonar sus seguridades para asentar su vida en una verdad eterna: la felicidad se halla sólo en el misterio del Corazón de Jesús, en el que está contenido todo el Amor divino. El estudio de la teología abrió su propio corazón a la Verdad que toda su vida había perseguido con inquietud y le marcó un camino en el que perseveró hasta el final: la búsqueda paciente de una certeza inconmovible que es capaz —sólo ella— de iluminar la existencia. Incluso cuando la enfermedad dificultó las posibilidades de la investigación teológica, procuró todos los medios para continuar leyendo y trabajando, recabar notas y plasmar ideas. Únicamente al final, como san Pedro, tras confesar su amor con la entrega, extendiendo sus brazos para ser ceñido por otro, habrá escuchado de boca del mismo Hijo de Dios la llamada fundamental: «Tú, sígueme» (Jn 21, 22).

Y, por último, en tercer lugar, el Amor divino, manifestado en la llegada del Esposo, «ha constituido el Pueblo de Dios», la Iglesia, sacramento del amor entre Dios y los hombres. La humanidad, recreada por el don del Espíritu Santo, se nutre del Amor divino expresado en los sacramentos y se prepara en la tensión de una espera: la manifestación del «fin del amor», la *Parousía* del Hijo de Dios. Toda la existencia es, de este modo, la travesía de un Pueblo elegido, el nuevo Israel, que se dirige, conducido por la Caridad divina, a la contemplación de su Rostro. El Amor de Dios crea vínculos de caridad entre los seres humanos que se revelarán plenos cuando la muerte sea vencida. El examen del amor es el testimonio más fiel de que ninguna obra amorosa se perderá en la noche de la memoria, es decir, de que ningún acto es banal en la representación de este mundo. La existencia entera, de parte a parte, ha sido puesta ante un destino de eternidad, determinado por el plan amoroso de un Dios cuya esencia es el Amor. Incluso el sufrimiento y la enfermedad tienen un sentido a la luz del infinito Amor sacrificado de quien permite que los hombres completen en su carne cuanto falta a su Pasión. En la vida del sacerdote Francisco José Fernández emergió la conciencia de esa fragilidad que se hace extrema cuando los retos y las metas humanas chocan con la imposibilidad. Y así vivió cada uno de sus dolores sabiendo que Alguien ya los había llevado sobre sí para redimirlos y para librarlo del poder de la muerte. No es secundario que cerrase los ojos a este mundo al finalizar el rezo del cuarto misterio doloroso del Rosario —Jesús que carga con la cruz del sufrimiento manifestando su Gran Poder— para desvelarse, ya sin llanto ni dolor, de una vez para siempre, y poder saciarse del semblante divino. Con sus ojos, habrá ya contemplado el Amor de Dios, en el que puso su confianza y cuyo conocimiento persiguió, como miembro del Cuerpo de Cristo. El mismo Dios que hizo puro su corazón, al permitirle participar del misterio de su pasión, habrá cumplido en él la bienaventuranza y le habrá permitido ya verlo cara a cara.

«Ciertamente, en la Teología el principal ejercicio es hablar con Dios y oírle hablar en lo íntimo del corazón; y porque esta conversación se hace por medio de secretísimas aspiraciones e inspiraciones, la llamamos coloquio de silencio: los ojos hablan a los ojos y el corazón al corazón, y nadie entiende lo que se habla más que los sagrados amantes que hablan». Estas palabras, del libro VI del *Tratado del Amor de Dios*, de san Francisco de Sales, retratan la figura del teólogo, que, en el corazón, recibe una palabra divina enunciada por el Amor, en un coloquio silencioso e íntimo. Francisco José Fernández fue ciertamente un académico brillante, dotado de una creatividad inusual, y un sacerdote comprometido; pero fue, sobre todo, un hombre que vivió cuanto escribió, porque vivió del Amor de Dios. Su vida procuró ser un reflejo tangible de esta Caridad que tanto rastreó en su investigación teológica. Sus palabras brotaron de una experiencia profunda de fe, de oración y de servicio a los demás y, por ello, su pasión por transmitir el misterio de un Dios que ama incondicionalmente se reflejó en las vidas de cuantos tuvimos el privilegio de caminar a su lado. Y si bien es verdad que su voz ya no resuena en este mundo, al leer estas páginas vuelve a nosotros con toda su claridad, calidez y pasión y nos revela el secreto oculto que fue la fuente de su alegría, de su capacidad para acompañar y de su entrega generosa: la conciencia íntima de ser amado por quien es el Amor mismo. La fe cristiana, fundada en la Caridad divina, no da la espalda nunca a la realidad —pues no se cumple en el vacío o en un idealismo falto de sinceridad— sino que, a imagen del Hijo de Dios, abraza la vulnerabilidad del ser humano en el mismo escenario donde se topa con su fragilidad, mientras aguarda la plenitud de la Vida.

«Por este motivo, aunque nos alcance la muerte y nos veamos desprovistos de la capacidad de actuar, el amor no desaparecerá de nuestra existencia. Los cristianos sabemos que el Señor de la Caridad abrirá nuestros sepulcros, nos resucitará para llevarnos de nuevo a la patria de donde un día salimos. Seremos devueltos al Edén, un jardín de delicias en cuyo centro crece el Árbol de la Vida que no cesa de dar frutos de amor». Estas palabras cierran el libro y son una hermosa síntesis de la esperanza que guió la vida de su autor, hasta el último aliento. Con profunda gratitud y en memoria de un amigo querido, hermano y sacerdote fiel, invito a quienes se acercan a este libro a dejarse guiar por sus reflexiones sobre el Amor divino. En ellas, encontrarán mucho más que ideas sugerentes y profundas, más que respuestas a cuestiones permanentes: hallarán el corazón de alguien que, abrasado por la Caridad de Dios, supo amar hasta el final. Y únicamente *cor ad cor loquitur*, el corazón le habla al corazón.

Manuel Palma Ramírez
(Sevilla, 27 de diciembre de 2024)

INTRODUCCIÓN

La afirmación «Dios es amor» es una de las expresiones más ricas y complejas de cuantas se han pronunciado a lo largo de la historia. Una expresión que puede ser confusa en sí misma debido a las múltiples acepciones que las palabras «Dios» y «amor» puedan tener en los distintos tiempos y culturas. No obstante, a la luz de la revelación, la proposición no sólo adquiere todo su significado, sino que ilumina el entero dogma católico. Por ser amor, Dios no es un ser solitario, sino una comunidad de personas que subsiste en unidad gracias a que, en Él, esencia es igual a existencia. De este modo, al decir «Dios es amor», no estamos describiendo una cualidad accidental o una actitud puntual en Dios. Ricardo de San Víctor dijo que la caridad perfecta es aquélla que no se encierra en el *tú* y *yo*, sino que el amor en estado sumo se abre a un *nosotros*. Este *nosotros* no supone la negación de los individuos que lo componen, sino que, en el caso de Dios, además de afirmar la diversidad en las personas divinas, se abre a la humanidad. Este Amor intratrinitario hace que el Padre engendre al Hijo en un movimiento de amor extático, y que del amor perijorético que ambos se procesan procede el Espíritu Santo, de modo que cada una de las divinas personas *son-amándose*. Pero al ser Dios amor en esencia y existencia, sale de sí y se comunica en forma de amor extratrinitario, y de este amor surge y en él se sustenta toda la realidad.

El hombre tiene acceso al Dios-amor, primeramente, a partir del conocimiento natural de sí mismo y del cosmos. Creado libérrimamente por Dios, a imagen y semejanza suya, ve limitada por el pecado original la libertad de la que gozó en estado primigenio. Goza, también, de capacidad para colaborar en la obra del Creador pues el amor humano es fecundo de modo análogo al de Dios.

No obstante, la comunicación-revelación de Dios a las criaturas se lleva a cabo fundamentalmente por las misiones del Hijo y del Espíritu Santo. En la vida y el misterio de Jesucristo se puede llegar a conocer, gracias al testimonio de la Sagrada Escritura y la tradición, en qué consiste el amor, dejando éste de ser un concepto abstracto o una dimensión incorpórea, ya que el Hijo eterno del Padre, receptor y fuente del amor divino, se ha hecho uno de nosotros, manifestándonos, con su vida y palabra, no sólo Quién es, sino, cómo es el amor. Por este misterio, el Hijo, por pura gracia, restaura la naturaleza caída de las criaturas, a precio de su sangre. A la par, la encarnación supone la elevación a su culmen de la obra creadora del Padre. En la persona de Jesucristo, el hombre tiene acceso al misterio que permaneció oculto desde el origen del mundo; un misterio que abarca no sólo el ser y el sentido de cuanto existe, sino el de Dios mismo.

Desde la comunicación del Espíritu Santo en Pentecostés, Dios se hace presente en el mundo mediante la realidad de la Iglesia, llamada a ser y obrar históricamente lo que Dios es eternamente en la Trinidad; por ello, la Iglesia puede ser considerada como un sacramento de la Trinidad en la Tierra. Por este motivo, se puede afirmar que, del mismo modo que Dios es Uno sin dejar de ser multiplicidad de personas en comunión de amor, la Iglesia es Una, siendo comunidad fundada y afianzada en el amor de Dios. Por ser Dios santo, la Iglesia, comunidad formada también por pecadores, es santa gracias a la santidad de Dios. El amor de Dios no conoce límites ni fronteras, sino que se derrama en favor de los hombres en todo tiempo y lugar. Por esto, la Iglesia, reflejo de este amor, no se circunscribe a un espacio o época determinada, es católica. Dios, siendo amor, tiende constantemente a salir de sí en busca de los otros, por ello, la Iglesia, realidad impulsada por el amor de Dios, tiende constantemente a transmitir a los hombres la Buena Noticia; es apostólica.

La vida y misión de la Iglesia se concretan en la continuación de la obra terrena de Nuestro Señor a través del anuncio del Evangelio y de la celebración de los sacramentos. Mediante estos, la Iglesia, con la potestad que Jesús le otorgó y la fuerza del Espíritu Santo, tiene poder para engendrar nuevos hijos de Dios, perdonar los pecados, hacer presente realmente al Salvador de los Hombres mediante la eucaristía, capacitar y enviar evangelizadores, crear nuevas comunidades de vida y amor, fortalecer a los enfermos y ordenar nuevos ministros que, participando del sacerdocio único y verdadero de Jesucristo, hagan posible el progreso del amor en el mundo.

Durante su existencia terrena el Hijo de Dios no sólo amó hasta el extremo a los hombres, sino que mandó amar a Dios sobre todas las cosas y al prójimo como a uno mismo. En este mandato, el cristiano encuentra la regla y medida a la que ajustar todos sus actos; una regla no extrínseca al hombre, pues el amor de Dios ha sido derramado en los corazones haciendo al hombre capaz de adecuar libremente su voluntad al designio de Dios. Ejemplo supremo de tal adecuación es la vida de la bienaventurada Virgen María, Madre de Dios, en la que el amor a Dios sobre todo y a sus semejantes, trasciende los límites de su vida terrena y sigue intercediendo ante su Hijo por todos los hombres con el afán y los desvelos propios del oficio de «Pastora» del redil de las almas.

Al final de los tiempos el «Hijo del Hombre» volverá para juzgar a vivos y muertos según su conducta. En aquel momento final todos recibirán el premio o el castigo merecido por las obras realizadas durante la existencia terrena. El cristiano, consciente de su debilidad, debe vivir firme en la fe de esta segunda venida con la esperanza de que, en Dios, el amor manifestado en su misericordia es mayor que la justicia prometida.

Para desarrollar lo expuesto líneas arriba, se ha dividido este libro en tres capítulos. El primero trata de aproximar a la naturaleza y actividad del Dios-amor pretendiendo un acercamiento tanto a su esencia, como a las primeras manifestaciones de este amor. El capítulo segundo, aborda la historia de la Salvación como la historia de amor entre Dios y los hombres, distinguiendo cada una de sus fases como si de un noviazgo se tratase. El último capítulo procura una reflexión acerca de la vida y esencia de la Iglesia como realidad continuadora del amor de Dios en favor de los hombres.

CAPÍTULO I:
EL AMOR SOBREABUNDANTE DE DIOS

1. EL AMOR DE DIOS

El hombre de todos los tiempos ha experimentado el amor como una realidad grande y poderosa, algo que no sólo está presente en su vida, sino que, de algún modo, la constituye, sostiene y dirige. Por ese motivo, el ser humano puede reconocer en el amor a un ser superior y perfecto: una realidad divina que estando por encima de toda limitación mundana no obstante se manifiesta en este mundo, de modo que podemos preguntarnos acerca de su naturaleza.

1.1. La realidad del amor

Si hay una certeza al hablar del amor, es que éste es una realidad que impregna al hombre y lo lanza hacia lo que no es. De este modo, se puede hablar de amor a la verdad, amor por el arte, amor a la patria... pero en sentido estricto, el amor es interpersonal, por lo que el amor a los hijos o a los padres, al esposo o la esposa, a la familia o los amigos... no tiene parangón con el amor que podamos sentir por las cosas.

Todo ser humano percibe el amor del mismo modo que el resto de las cosas. A través de una «mirada ética», el hombre recolecta en el capazo de su conciencia tanto sus vivencias como los objetos que tiene a su alrededor. La «mirada ética» hace visible y constituye el cosmos a su entorno, todo queda a la vista excepto el que mira (Marion, 1993: 100-101). No obstante, existe una gran diferencia entre la mirada dirigida a las cosas y la mirada dirigida a una persona. En la primera, se descompone el objeto en partes y categorías que hacen posible su asimilación y almacenamiento en la conciencia. Al mirar a una persona, siempre que no se tenga la pretensión de cosificarla, no puede ser descompuesta. El ser humano no es un punto registrado en la red cósmica del espacio y del tiempo, no es un conglomerado de experiencias ni un conjunto de características, sino que es un «tú» indivisible (Buber, 1993: 11) que devuelve la mirada, de modo que la acción se vuelve recíproca y constituye en «tú» a aquél que lo mira. Es por tanto en la conciencia donde el ser humano conoce los objetos, recopila las vivencias y experimenta el amor.

El amor promete infinitud y eternidad al hombre, que, de suyo, es finito y temporal; le promete aquello que no se es. Este impulso no nace de la voluntad del hombre, sino que se impone a él arrancándolo de su existencia limitada y empujándolo hacia una felicidad más elevada. No es una potencia del alma o del cuerpo y, sin embargo, abarca al hombre en su totalidad (Benedicto XVI, 2005: 2-5) no pertenece al ser humano, sino que, gratuita y arbitrariamente, de un modo, se podría decir ilógico, el hombre lo experimenta: sin saber por qué, ni en qué consiste, el hombre se reconoce amado.

Cuando el ser humano es movido por el amor, sale de sí para buscar aquello que le falta. Sufre una especie de alienación en la conciencia que hace que todo su ser se sienta irremediablemente atraído por la alteridad de la otra persona. Sin embargo, se corre el peligro de amar en el otro sólo lo que provoca las vivencias que satisfacen los propios deseos, de modo que el amor va tornándose en un autismo que puede ser descrito mediante la expresión *mi-amor-por*, perdiéndose el fundamento que dio lugar al fenómeno del amor en la conciencia. Este «eros» desordenado y ebrio, lejos de propiciar un movimiento de salida de sí, para buscar al otro, se torna en un movimiento en busca del auto-abastecimiento, un amor de *auto-latría* que no conduce a la dicha sino a la esclavitud de la soledad. Pero si este amor erótico madura de modo que se supere la mera auto-satisfacción de los deseos, puede tornarse en un amor que, dejando de ser posesivo, haga que el amante se despreocupe de sí mismo y de sus intereses y ansíe solamente el bien de la persona amada. Así, amar puede definirse entonces como querer lo mismo y pensar lo mismo sin que ello conlleve la disolución de los individuos que se aman (Gilbert, 2008: 27). El «eros» se torna en un amor, que ha descubierto plenamente al otro, en *agapé* que, al englobar la entera existencia del hombre, asume también su temporalidad haciendo que el arrebato padecido a causa del amor deje de ser un éxtasis momentáneo para constituirse en una liberación permanente de sí. El amor produce, en el encuentro con el otro, un verdadero encuentro con uno mismo (Benedicto XVI, 2005: 16). Por este motivo, sólo en el momento en que se ama y se es amado, se puede afirmar el propio «yo» (Marion, 1993: 100-101).

Pero el amor no sólo tiene la capacidad de constituir al hombre en un «yo», sino que además genera en la conciencia de éste un sentimiento de responsabilidad respecto a la suerte del sujeto amado, llegando a hacer que el hombre tome decisiones o lleve a cabo acciones que van en contra de sí mismo. De todas ellas, el perdón de la ofensa recibida es la máxima expresión de este poder (Benedicto XVI, 2005: 10).

1.2. Ser Dios

De modo casi inevitable, la reflexión que se ha hecho acerca del amor y de sus efectos sobre el ser humano lleva a la consideración de que tal poder y dominio sólo puede proceder de una entidad superior. Si esta realidad que afecta a la vida y la conciencia de todo hombre, de modo que lo hace salir de sí y lo transforma, no proviene del mismo ser humano, se puede decir sin reservas que el amor es Dios.

Surge entonces la pregunta. ¿Qué significa ser Dios? En primer lugar, se ha de señalar que la posibilidad de plantear esta cuestión es dada porque el ser humano tiene experiencia de Dios. Una experiencia que se manifiesta en la conciencia y que ha llevado al ser humano a reflexionar sobre aquello que contempla a su alrededor, fundado en una realidad superior no accesible a la simple vista, pero a la que se puede llegar a partir del ejercicio de la razón. Una realidad que, para ser cognoscible para el hombre, no basta con la mera instrucción o anuncio, sino que ha de ser experimentada personalmente.

La constitución dogmática *Dei Filius* del Concilio Vaticano I afirma en esta línea que «Dios, principio y fin de todas las cosas, puede ser conocido con certeza por la luz natural de la razón humana partiendo de las cosas creadas» (DH, 3004), por este motivo, rechazar la búsqueda de Dios, tal y como éste se da a conocer, supone desechar la posibilidad de que el hombre se comprenda a sí mismo y al mundo que lo rodea. Dios, como afirma este Concilio, ha de ser Uno, siendo la unicidad un atributo de importancia más cualitativa que cuantitativa, pues nos habla de la esencia de este Dios, sobre todo en lo referido a su omnisciencia y trascendencia. Dios es eterno —de naturaleza espiritual, distinto de la materia creada; Creador de todo y su Sustento; Protector y Señor de Cielo y Tierra— pero, a la vez, es el concreto que interviene e incluso llega a habitar en un espacio y un tiempo determinados. Por tanto, Dios se relaciona con el hombre, no por necesidad, pues este Dios todopoderoso, infinito en su entendimiento y felicidad, no necesita que el hombre lo adore lleno de temor, sino que por pura gracia lo ha creado libre. Por este mismo motivo, Dios no puede ser reducido a un fetiche que satisfaga las necesidades de aquéllos que lo invoquen y pretendan manejarlo y utilizarlo mediante rituales, pues es supremamente libre.

No obstante, Dios está vivo, por lo que conoce la desdicha y alegría de los hombres, sabe que pasa y preocupa a los habitantes del mundo; es un Dios que sufre con la violencia del mundo (Balthasar, 1972: 45). Dios es perfecto en sí mismo e inmutable, lo que sin embargo no significa que sea estático e inmóvil, ya que el dinamismo mismo de la historia muestra que en Dios existe una insondable complejidad de acción. Ser Dios, a la luz de todo lo dicho en esta breve disertación, significa ser una cosa y su contraria sin que ello suponga una ruptura del Ser. Ser Dios significa ser fundamento racional de todo cuanto existe a la par que arrebato que sobrepasa toda lógica y empuja al hombre a un ámbito que no le es propio.

1.3. Amor divino

El amor, precisamente, por ser Dios, no sólo es anterior al ser humano, sino que no necesita de éste para ser lo que es y, no obstante, entra en relación con los hombres; de manera que se ha de plantear la cuestión acerca de la naturaleza de las relaciones en Dios. ¿Es la relación en el Dios-amor un atributo accidental o esencial?

Según el Diccionario de la Real Academia Española, la relación define la «conexión, correspondencia, trato, comunicación de una persona con otra». En este sentido, se pueden establecer tres esferas donde se llevan a cabo las relaciones: en primer lugar, en el ámbito de la naturaleza, donde el hombre se relaciona con lo creado. Esta relación está limitada por el umbral del lenguaje. En segundo lugar, en el ámbito de los seres humanos, donde existe comunicación y se puede dar y aceptar al «tú». En tercer lugar, en el ámbito de los seres espirituales. Es aquí donde se genera el lenguaje y se puede reconocer al «tú» de la relación sin necesidad de pronunciar palabra alguna o incluso de verlo. Relación, en este sentido, significaría elegir y ser elegido, pasión unitaria, de modo que cada persona implicada alcanza su identidad en el otro (Buber, 1993: 9-13).

A la afirmación «nada hay más grande y poderoso que el Amor», sigue la consecuencia de que nadie ha amado nunca si sólo se ama a sí mismo; por ello es preciso que el amor se dé en el seno de una relación. No puede haber amor sin alguien que ame y alguien que sea amado, no se da el amor si no hay una pluralidad de personas (De San Víctor, 2015: III, 3). Además, el amor supone uno que ama, una persona amada y la acción propia de amar como elementos constitutivos sin los cuales no se da. Éste es la vida que ansía enlazar o enlaza otras dos vidas: la de los amantes (San Agustín, 1948: VIII, 10, 14).

El amor que se da entre dos personas puede darse incluso del modo más alto posible, es decir, amando al otro como a uno mismo y que este amor sea correspondido; pero para que el amor llegue al culmen de su perfección, a la divinidad, cada uno de los amantes ha de buscar, con el mismo deseo, un tercero, amigo común, y amarlo con la misma intensidad con la que se ama a sí mismo y ama al primero. De este modo, en el amor-divino no basta la pluralidad de dos personas, sino que se precisa una verdadera trinidad de personas que aman y son amadas (De San Víctor).

Cada persona ha de ser entendida como una sustancia individual, es decir, como una realidad no comunicable en sí misma (Santo Tomás, S.T., I., q. 29, a4, 42), lo que no quiere decir que existan tres amores que se interrelacionan. Como se ha referido anteriormente, si el amor es Dios, ha de ser Uno, pues de lo contrario no sería omnisciente y trascendente, la trinidad de personas se mantiene en la unidad del único amor, pues cada una de las personas no puede existir por separado, sino que, cada una «es» en función de las otras (San Agustín), «Es» en la medida en que sea acogida y acoja a las otras. Ésta es la razón por la que se puede predicar del

Dios cristiano que es esencialmente un amor fuerte, social, abierto y no exclusivo. De este modo, afirmamos que el Padre es, porque tiene un Hijo al que amar; el Hijo es, porque tiene un Padre que lo ama y al que ama; y el Espíritu Santo es, por ser amado y amar al Padre y al Hijo. Este Amor, por ser Uno, hace que cada una de las divinas personas sea igual en dignidad y esencia en función de la relación amorosa que los constituye.

2. LA CREACIÓN. DERROCHE DE AMOR

El amor se manifiesta, en primer lugar, con un movimiento de salida de sí. Con esto, el amor se hace responsable de la creación de todo cuanto existe. La creación se da como expresión del amor oblativo de Dios que, siendo en sí plenitud y perfección, sacó de la nada caótica el cosmos para manifestar su bondad, y dio a su obra la autonomía y libertad suficientes para poder corresponder al amor de su creador.

2.1. El amor es libre

Dios es el creador e impulsor de todo cuanto existe, el absolutamente otro y a la par Aquél de quien todos los hombres pueden tener conciencia, por lo que, además de ser todopoderoso y omnisciente, es un sujeto relacional y como tal entabla relación con el ser humano (González de Cardenal, 1997: 157-167). No obstante, requisitos indispensables para esta relación son: la existencia del hombre y la relacionalidad en el Dios-amor, atributo esencial sin el cual no podría subsistir. Una consecuencia lógica que podría desprenderse de esta realidad sería la necesidad de crear al ser humano y al cosmos por parte de Dios.

Crear es llamar a la existencia a todo cuanto hay en el Cielo y en la Tierra, dar forma y figura a cada cosa y asignarle su lugar adecuado dentro de la totalidad de lo creado (Kehl, 2009: 45). Hay, por tanto, uno que crea y lo creado, debiendo ser anterior el creador a todo lo creado. Si Dios es el único eterno, el único que existe desde la eternidad, no puede haber nada ni nadie fuera de él que lo coaccione a crear en un momento determinado. Ahora bien, esa coacción podría ser fruto de una necesidad interna, pero si el amor necesitara crear, las cosas creadas, si bien seguirían siendo contingentes en cuanto necesitan del creador para existir, lo serían en un grado menor, pues el creador precisaría de ellas para subsistir, lo que significa que las cosas creadas serían tan precisas como el creador (Martínez Sierra, 2002: 47). Surge así una concepción del cosmos quasi-panteísta.

En el amor no existe una necesidad *ad-intra* de crear, pues Dios es amor perfecto. Su ansia de amar queda plenamente saciada en las relaciones intratrinitarias. Por este motivo, se puede apreciar la diferencia sustancial entre el origen del Hijo, engendrado por el Padre por absoluta necesidad, y el origen del mundo, creado por Dios (el Padre por apropiación) sin necesidad alguna. Dios no sería tal, si el Padre no amara y engendrara al Hijo constantemente. Sin embargo, Dios, amor perfecto en sí, puede subsistir sin que el mundo exista.

Si Dios no ha creado porque no pueda dejar de hacerlo, como afirma en el axioma platónico: «el bien se difunde por sí mismo», entonces es sumamente libre. Si tampoco crea porque eche en falta nada dentro o fuera de él, pues es perfecto en sí, o porque se sienta solo, entonces Dios es trinidad de personas. Si Dios no creó para tener a alguien a quien amar, entonces él mismo es comunidad de amor. Dios no necesita crear. El «ser-creador» no forma parte de la esencia de Dios, más bien, ha decidido crear desde la eternidad en absoluta libertad. Ahora bien, si la libertad en la creación está relacionada con la trascendencia y la omnipotencia del creador, se ha de afirmar, sin lugar a dudas, que el Dios-amor, omnipotente y trascendente es el creador, de este modo, la creación es expresión del amor gratuito que crea (Ruiz de la Peña, 1993: 35). Queda patente que la libertad más elevada es la manifestada por el amor más grandioso, más amoroso. Esta manifestación suprema acontece, no en el recibir, sino en el dar del amor.

Una visión de la creación en la que el creador ha de segregar los seres por coacción exterior o por necesidad interna, daría lugar a una noción de creación donde no cabe el amor; sin embargo, una visión en la que sólo subsiste un ser eterno, el Dios-amor, apunta a una noción de creación libre, a una ontología del *agapé*, del puro don amoroso y gratuito de Dios.

2.2. La alteridad del amor

No sería posible hablar de una ontología del *agapé* si el amor no fuese una realidad unitaria. Si afirmamos que el amor oblativo es la fuente de la que mana toda la creación, no podemos obviar que el amor, si es perfecto, siendo *agapé* es también *eros y viceversa*. De este modo, el Dios-amor perfecto, feliz, satisfecho... en sí mismo realiza un movimiento de éxtasis que lo lleva hacia fuera, hacia lo que no es él mismo (Benedicto XVI, 2005).

El amor tiene desde siempre en su ser eterno la capacidad de salir de sí en busca de los seres distintos de él. Esta es la condición de posibilidad por la que Dios puede crear el mundo (Ladaria, 2012: 304). Mientras, el amor *ad-intra* es necesario, de tal modo que, si el Padre no amara al Hijo y éste no amara al Padre, y ambos no amaran y fuesen amados por el Espíritu Santo, Dios no subsistiría. Dios crea por amor, es decir, el fruto del amor que se da en Dios es la creación.

El hecho de que el amor divino y creador sea absolutamente diverso de lo creado y busque lo absolutamente otro, hace que todo cuanto existe como alteridad de su creador tenga la razón de su subsistencia precisamente en aquél que lo ha constituido en un tú respecto de sí. En este sentido el libro de la Sabiduría afirma: «amas a todos los seres y no aborreces nada de lo que hiciste, pues, si algo odiases, no lo habrías creado. ¿Cómo subsistiría algo, si tú no lo quisieras? ¿Cómo se conservarían si no lo hubieras llamado?» (Sab 11, 24-25). Así, el tiempo existe frente y por causa del Eterno, lo material frente y por causa del Espiritual, lo finito frente y por causa del Infinito... de suerte que si el Dios-amor dejase de buscar lo otro, toda esta realidad dejaría de ser (Kehl, 2009: 53).

Por otra parte, si existiese una materia eterna con la que realizar el cosmos, ésta sería semejante al creador y el Dios-amor no sería Uno. Decir que Dios crea de la nada, es decir que no hay nada anterior a su libertad para crear. Nada obliga a Dios a crear o le prohíbe crear lo que no existe, ni siquiera aquello que *a priori* no parece posible. En Dios, querer crear es tener libertad para hacerlo, aunque no exista una base para comenzar la obra. Crear *ex nihilo* es llamar a la existencia a todo cuanto hay incluyendo los propios límites de lo posible (Gilbert, 2016: 304). No obstante, afirmar que no existe una materia eterna no significa que el cosmos, una vez creado, nada tenga que ver con su creador. Pero tampoco significa que la creación haya salido de las manos de Dios terminada. El universo y cuanto contiene está sujeto a cambio, pues el creador, Inmutable, busca y se siente atraído por lo que no es.

Precisamente porque el amor crea libremente de la nada, se puede afirmar la absoluta trascendencia de Dios, la clara distinción entre Dios y el mundo, ya que si los hombres tenemos cierta capacidad de crear, Dios al hacerlo libremente y de la nada, manifiesta su omnipotencia, pues hace cuanto quiere y como quiere. En último lugar, la creación *ex ni-*

hilo pone de manifiesto la no sacralidad del mundo, pues es, precisamente, obra del sólo Santo (Martínez Sierra, 2012: 51).

El hecho de que el Dios-amor cree lo que no es él significa que el Eterno crea lo temporal, el Infinito crea lo finito... pero estas realidades espacio-temporales no esperan guardadas en un cajón a que el amor divino las encuentre y las reconozca, constituyéndolas en su ser. No existe un tiempo que esperar. El Amor-creador no hace saltar una chispa que encienda una maquinaria de reloj que a partir de ese momento funciona, sino que, a partir de su Palabra creadora surge todo cuanto hay: materia, espacio, tiempo, vacío... Crear significa poner en la existencia lo otro sin presupuestos previos. No modela una materia previamente dada a partir de la sustancia divina, sino que, todo, incluso la existencia misma, surge en virtud de su Palabra, literalmente, y de la nada.

2.3. La creación, locura de amor

El autor de las cosas sale fuera de sí para ser providente de todo, movido solamente por la sobreabundancia de su bondad. Para comprender el dinamismo de la bondad creadora del Dios-amor, Dionisio Areopagita establece una analogía con el sol: del mismo modo que el sol, sin pensarlo ni pretenderlo, sino sólo por existir, ilumina con sus rayos todo lo que puede participar de su luz; la bondad, que es muy superior al sol, por su propia naturaleza extiende sus rayos a todos los seres de forma apropiada a cada uno. Por ese motivo existen y se mantienen todas las cosas en «vida» perenne, afirma el filósofo alejandrino. Así, el amor constituye la esencia de Dios y constituye también su existencia en cuanto que las tres divinas personas se aman eternamente en una comunión perfecta. De este amor perfecto y fecundo surge el cosmos. La creación se lleva a cabo en la más absoluta libertad del creador que llama a la existencia a aquello que no es, por puro amor a su bondad, o dicho de otro modo, la bondad es el amor que se desborda de la comunión trinitaria. A causa de esta bondad, lo creado no es caos, sino que está ordenado de modo jerárquico, permaneciendo cada cosa distinta de las otras con sus propias propiedades y cualidades, de modo que lo vivo vive y lo inerte existe pese a no subsistir, ya que Dios por pura sobreabundancia de su bondad persigue hacer partícipe a toda la creación del amor inagotable que une al Padre, al Hijo y al Espíritu Santo (Kehl).

Precisamente porque el mundo ha sido creado libremente por amor, porque es el otro distinto de sí del Dios-amor, ha de responder a su creador-amante con el don de su amor. No es que el Amante cree un amado para que éste le corresponda, la respuesta de amor al amor recibido no puede estar condicionada. Tampoco el Amante ama para recibir una contrapartida en forma de beneficio o experiencia, sino que se dona a sí mismo en el amor. Por este motivo, se debe afirmar que el cosmos ha sido creado con autonomía y libertad; así lo ha creado Dios como condición de posibilidad para que éste tenga la capacidad de corresponder al amor que constituye su *ser*, pues *no podría ser* si no pudiese entablar una relación con su creador.

La locura del amor radica entonces en que el amor creador da vida, conserva, perfecciona, es la medida de todos los seres, su tiempo, su número, su orden, su dominio, su causa y su fin, pero en razón de su bondad, todo goza de autonomía. La voluntad del creador establece que la creación, por propia naturaleza, esté dotada de consistencia y bondad, pero la autonomía no la hace independiente del amor que la constituye. Sin la relación con el creador, el cosmos desaparecería (G.S. 36). Del mismo modo que Dios es porque el Padre, el Hijo y el Espíritu Santo se aman entre sí de modo infinito y perfecto; la criatura es porque el creador la ama y ella está llamada a corresponder este amor. No obstante, es tan sobreabundante el amor del creador, tal su bondad que, aunque la criatura no corresponda, el amor y la bondad de Dios bastan para mantener a la criatura en el *ser*.

Es bueno y hermoso lo que participa de la bondad y hermosura de su creador y, habiendo irradiado generosamente su bondad el Dios-amor a todos los seres, no queda mermado en su naturaleza. Surge entonces la cuestión del dolor y el sufrimiento en la naturaleza. ¿Ha quedado mermado Dios en su bondad y por eso sufren los seres? Decir que el universo es fruto de la relación amorosa de Dios consigo mismo es afirmar que Dios acepta incondicional y permanentemente su obra, o sea, que las criaturas y el orden concretos del Cielo y de la Tierra son favorables para la vida. No obstante, no es difícil observar cómo el mundo, en el ejercicio de su libre arbitrio, se desvía autodestructivamente de la bondad con la que el Dios-amor lo constituyó. Por este motivo, para afirmar la bondad y perfección del amor, se hace necesaria la promesa de una nueva creación, una locura de amor donde el mal y el sufrimiento que azotan al cosmos sean superados definitivamente.

3. EL HOMBRE. IMAGEN Y SEMEJANZA DEL DIOS-AMOR

De entre todas las criaturas, el Dios-amor hizo una especial, capaz de entablar relación con él, es más, hizo que esta criatura sintiera en su interior el reclamo constante del amor que lo constituye. Pero a causa del mal ejercicio de la libertad recibida y de buscarse sólo a sí misma en vez de a su Amante, la humanidad sumergió a toda la creación buena de Dios en la realidad del pecado, malogrando su relación con Dios y con el resto de criaturas. No en vano, por ser Dios perfecto y todopoderoso no cesa en su búsqueda de los hombres y preserva en ellos su capacidad de acogida del amor.

3.1. El estado original

En el orden de las criaturas, existe una distinta a las demás, una criatura dotada de una capacidad para entablar una relación más estrecha con su creador. El sol, la luna, las altas cordilleras, los valles, los mares y océanos, los árboles, los peces, los animales del campo... todos los seres, vivos o inertes, son obra de la bondad de Dios, y todos están llamados a corresponder, cada uno según su naturaleza, al amor que los constituyó. No obstante, ninguno puede hacerlo como el ser humano. El hombre, desde el preciso instante de su creación, ha sido llamado a la amistad con el Dios-amor, a entablar una relación con su creador, por lo que ha sido constituido en santidad y justicia, características éstas de la vida en el paraíso que se manifiestan en lo que se conocen como los dones *preternaturales* (Ladaria, 2012: 41). De este modo, el ser humano en el estado en que salió de las manos del creador gozaba de la ciencia infusa, es decir, del conocimiento de las verdades naturales y sobrenaturales; disfrutaba de la impasibilidad corporal o, dicho de otro modo, de no sufrir enfermedades o cansancio a causa de los trabajos físicos o psíquicos (Müller, 2009: 130). Poseía también la inmortalidad, pues la muerte no es compatible con la bondad del Dios-amor. En este sentido, la temporalidad propia de la criatura debe ser entendida como aquello que tiene un comienzo en el tiempo; estar vivo significa mantener una relación de amistad con Dios en la historia. Como se verá más adelante, esta propiedad de la vida está sujeta a la constante amenaza de su pérdida por parte del hombre. «Vivir es más que un simple existir, es disfrutar de una existencia plenificada por la comunión con Dios» (Ruiz de la Peña, 1993: 60). El ser humano gozaba, en último lugar, de la integridad, es decir, no existía en él contradicción entre su voluntad espiritual y sus impulsos naturales. Esta facultad hacía al hombre experimentar una libertad libre de inclinaciones hacia lo que no le es propio. Además, la integridad, capacitaba al hombre para reconocer, de modo claro y distinto, la llamada a la comunión de amor de Dios y a darle respuesta.

La tradición bíblica enseña que el hombre en estado de santidad y justicia fue creado a imagen y semejanza de Dios. El dato de la imagen denota ya de por sí una diferencia con el creador, pues una cosa es la imagen y otra bien distinta aquello que refleja; pero muestra también un parecido, que no poseen el resto de las criaturas: el hombre es inmanente y trascendente a la vez. Ser imagen de Dios representa para el hombre más que una mera cualidad estructural, significa que hay en lo profundo del ser humano una referencia permanente a Dios como fundamento y forma de su existencia.

La semejanza con Dios apunta a la plenitud de la vida que se alcanza al mirar al Dios-amor y dar respuesta a la bondad que de él proviene. No obstante, el papa san Juan Pablo II puntualiza que esta semejanza del hombre con Dios se pone de manifiesto en la comunidad de amor que todo el ser humano está llamado a fundar: «por eso abandonará el varón a su padre y a su madre, se unirá a su mujer y serán los dos una sola carne» (Gn 2, 24).

El ser humano es, por tanto, un ser *supra-creatural*, no sólo por la superioridad intelectual respecto el resto de los seres. No se puede graduar esta diferencia, pues ésta radica en que el hombre se concibe en su irreductible *estar-en-sí* de la conciencia que le permite reconocerse a sí mismo y a quien lo ama, y en su orientación *supra-material,* que le lleva a preguntarse por el sentido de la existencia y el fundamento de las cosas. De este modo, el hombre al reconocerse creado amado por Dios emprende con gratitud el ejercicio de adoración a su Dios, esto es, se reconoce amado y ama.

3.2. El odio frente al amor. El pecado original

El hombre perdió el estado de santidad y justicia en el

que se encontraba en el paraíso a causa del pecado. El ser humano llamado a corresponder al amor que lo constituye desde su libertad no estaba exento de la tentación de buscar en su Amante sólo aquello que satisficiera sus deseos, es decir, que el amor humano se tornara en un *amor de autolatría*, que la Biblia expresa «ser como Dios», es decir, un amor *autosuficiente* que no busca nada fuera de sí (Ladaria, 2012: 61).

La libertad del hombre no puede ser pensada de modo absoluto; puesto que el ser humano está constituido por la bondad de Dios, entendida ésta como el amor que se desborda de la relación *intra-trinitaria*, la libertad del hombre ha de ser comprendida como *libertad-para* la relación y *libertad-con* los demás (Fernández Castelao, 2013: 230). Pero por ser libre, el ser humano puede rechazar la relación con el creador y con sus semejantes.

Para que el pecado tuviera lugar, era necesaria la amistad previa con el Dios-amor. En este sentido, se ha de afirmar que el pecado no es la mera trasgresión de una ley externa, sino que viene a poner fin a la situación de unión entre Dios y sus criaturas. Además de esto, el pecado acabó también con la armonía existente entre los hombres. El odio, de modo análogo al amor, se expande en todas direcciones y el alejamiento de Dios que resulta del pecado y que es el pecado en sentido propio, desembocan en un desencadenamiento de *hechos* pecaminosos, de este modo, se puede decir que el pecado engendra odio y el odio lleva a nuevos pecados. El principio de esta cadena es el *pecado original* (Ladaria, 2012: 63).

Si la relación Amante-amado es lo que determina fundamentalmente todo ser, se ha de buscar en el pecado, entendido como odio que separa al hombre de Dios, la razón que explique las penosas condiciones en las que se encuentra el hombre (Ruiz de la Peña, 1991: 50). Todo pecado conlleva una culpa y un castigo: el alejamiento de Dios; romper la relación amistosa con el Dios-amor trae consigo la pérdida de los beneficios de los que el hombre, en virtud de esta relación, disfrutaba. La relación con el creador traía consigo al ser humano los dones preternaturales; el hombre, al rechazar a Dios, los perdió. Así, el ser humano se sumerge en una situación de carencia de la que él mismo, por sus medios, no puede salir. Se pasa, de este modo, de una existencia en el amor a una existencia en el pecado, cuya dinámica propia hace que el corazón del hombre se vaya cerrando sobre sí mismo, provocando que éste excluya tanto a Dios como a los semejantes y se incline hacia el mal. Este mal nace de su propio odio y se extiende por la humanidad haciendo culpable a todos los hombres.

Con el pecado original, Adán perdió el estado de santidad y justicia ofrecido por Dios a él y todos sus descendientes y marcó negativamente a los hombres para sus futuras relaciones. Al hablar de pecado, no se hace en el sentido de la desobediencia de los hijos a los padres, o de un subordinado a su superior. El pecado de origen, el ratificado por los hombres de todas las generaciones, es la negación de la autotranscendencia del amado hacia su Amante como origen de su existencia y su amor. Es, de esta manera, la negación y oposición ante el ofrecimiento de amor recibido de Dios (Müller, 2009: 130-132).

3.3. El amor es más fuerte que la muerte. El hombre *capax Dei*

El rechazo del amor de Dios, por el que el primer hombre libremente optó, trajo para toda la humanidad la privación de Dios y de su gracia, o lo que es lo mismo: la desgracia a la que llamamos pecado. A consecuencia de separarse libremente de Dios, el ser humano pierde los dones preternaturales que suponían esta unión. De esta forma, el hombre ve mermado su ser, quedando sumergido en un mar de sufrimiento que desemboca irremediablemente en la muerte. No obstante, existe una consecuencia del pecado, si cabe más negativa: alejarse de Dios conlleva la merma de las capacidades para el amor y por tanto para la vida. De modo que el hombre se ve inevitablemente inclinado hacia el odio. Esta inclinación o dificultad, que no siendo pecado en sí misma empuja hacia el pecado y la muerte, recibe el nombre de *concupiscencia* (Ladaria, 2012: 130-132).

Del pecado de Adán y sus consecuencias, y de la ratificación de casi toda la humanidad de este pecado, no se desprende un cambio en la bondad del Dios-amor que sigue buscando a los hombres y ofreciéndose en relación de amistad (Müller, 2009: 152). Del mismo modo que toda la obra de la creación arranca del ofrecimiento libre y gratuito del amor trinitario, el rechazo de este amor por parte del hombre no es suficiente para hacer que Dios retire este ofrecimiento. El pecado del hombre tiene consecuencias para su propia naturaleza y para su capacidad de amar, es decir, para su relación con Dios y con los otros hombres. Pero el pecado de los hombres no afecta a la naturaleza y voluntad del Dios-amor.

La especie humana experimenta una dolorosa contraposición entre lo que desea ser y lo que realmente es, entre lo que hace en su vida y con su vida y lo que realmente quiere hacer (Rom 7, 19-22), por este motivo, existe un padecer inscrito en la acción de todo hombre. Siguiendo a Maurice Blondel, se puede afirmar que el hombre actúa constantemente sin saber en qué consiste la acción, o adónde le lleva el devenir de la vida en el que se encuentra inmerso sin haberlo pedido. No obstante, este actuar no es ajeno a su autor. Si bien existe una contraposición entre lo que la voluntad del ser humano desea y lo que se cristaliza en sus actos, la libertad del hombre es la que determina tales acciones, una libertad limitada que revela la existencia humana en un inacabamiento radical. Así todo ser humano siente una insatisfacción desproporcionada con el resultado de su vida que lo remite necesariamente a una realidad más alta, a un propósito mayor.

El hombre constituido por el amor y hecho para el amor, una vez sumergido en el pecado, sigue siendo capaz de acoger el amor que se derrama en su favor, pero sólo puede experimentarlo en la vida terrena a partir del sufrimiento. Tanto es así, que el sufrimiento establece la medida del amor del hombre, es la medida de su corazón. El amor produce en el hombre los mismos efectos que la muerte: le revela lo que escapa a su egoísmo y lo que no puede alcanzar por el conocimiento positivo. Pone en marcha el proyecto del creador para él, lo incita a darse a los demás. Pero este impulso no nace del propio hombre ni es fruto de su insatisfacción, sino del amor que el ser humano sigue siendo capaz de acoger. Este amor sigue derramándose en favor de los hombres a pesar del rechazo de éstos, porque el amor de Dios es incondicional, no se ve afectado por el pecado de los hombres, es fuerte el amor como la muerte (Ct 8, 6).

CAPÍTULO II:
LA REVELACIÓN. HISTORIA DE AMOR ENTRE DIOS Y LOS HOMBRES

1. EL NOVIAZGO DE DIOS CON LA HUMANIDAD

POR ser la esencia de Dios amor puro, todo lo que brota de su interior, todo lo que Dios hace y comunica, así como la motivación que lo empuja a actuar, es el amor. En este sentido, en los primeros compases de su relación con los hombres, podemos establecer una analogía entre su modo de hacer y el de un joven que se «arrima» a una muchacha y la «pretende» susurrándole al oído palabras de amor.

A partir de ese momento, Dios y su elegida comenzarán a «tratarse», a conocerse, y al cabo de un tiempo prudente, el Amante y su amada se «prometerán» el uno al otro estableciendo «relaciones formales».

1.1. La revelación. Palabras de amor

A través de la obra de la creación, el ser humano tiene la oportunidad de conocer el poder, la soberanía, la bondad… del Dios-amor. Este conocimiento accesible desde la sola razón es lo designado *revelación natural*. No obstante, Dios no creó el cosmos para permanecer inmóvil y mudo ante las criaturas. En la historia de Israel, el Dios-amor revela mucho más de sí: su celo, su justicia, su personalidad, etc. Esta segunda revelación precisa, además de las intervenciones históricas, de la interpretación del sentido de los actos que Dios realiza en favor de su pueblo (Rigaud y Grelot, 1967: 647).

En esta segunda revelación, a la que llamamos *revelación sobrenatural*, la Palabra tiene un valor innegable. Dios al actuar se expresa en primera persona, interpela en segunda persona y trasmite un saber determinado. Revelándose, el Dios-amor actúa realizando signos y prodigios en la historia personal y colectiva de quien entra en relación con él; revelándose, enseña algo, trasmite un conocimiento no accesible a los hombres; finalmente, revelándose, se auto-revela, es decir, se da a conocer tal cual es. Por este motivo, al hablar de revelación, se ha de tener presente que ésta tiene una dimensión dinámica, una dimensión noética y una dimensión personal (Pié-Ninot, 2008: 241-242).

En primer lugar, la Palabra reveladora no sólo explica el sentido profundo del hecho acontecido, sino que es su desencadenante; todo brota de la Palabra de Dios en la mañana del primer día. Pronunciando la Palabra, el Dios-amor llama a la existencia al cosmos e inaugura su historia con el hombre. Hecho y sentido no funcionan en paralelo o son complementarios, no se anteponen el uno al otro, sino que, en la revelación, forman un todo inseparable e indivisible. La revelación implica, en segundo lugar, un encuentro, una relación; supone uno que trasmite y otro que recibe. Así la revelación del Dios-amor no sólo ilumina y ofrece un conocimiento, sino que constituye en un «tú» al que, recibiendo su mensaje, responde y establece una relación con él. Supone, en tercer lugar, una presencia: no se puede entablar relación con quien está ausente. El amor, como se expuso en el capítulo anterior, es una realidad interpersonal. En la revelación sobrenatural, el Dios-amor se va desvelando a la par que nos sale al encuentro y se nos entrega.

Las tres dimensiones: dinámica, noética y personal de la revelación, muestran la acción salvífica de Dios en la historia (Müller, 2009: 45), es decir, el propósito último que Dios busca desvelándose en la historia es salvar a los hombres.

Esta salvación significa, en primer lugar, librar o proteger de algún peligro. La revelación muestra cómo el Dios-amor, interviniendo en la historia y mostrando el sentido de esta intervención, ha protegido y cuidado a los hombres. Siendo el mayor peligro al que puede enfrentarse el ser humano el pecado, causa y consecuencia de la separación del Dios-amor, camino que conlleva la muerte, se puede decir que la salvación es el ofrecimiento continuo que Dios hace de sí a los hombres. La salvación no es otra cosa que la promesa constante de amor divino.

No en vano, la salvación, ofrecida a los hombres en la revelación del Dios-amor, ha de ser aceptada libremente por el ser humano, no como algo extrínseco, sino como esa dimensión que todo lo abarca y constituye. En la revelación el amor se auto-revela para atraer a los hombres hacia sí (Lesquivit y Grelot, 1967: 734-736).

1.2. Dios «pretende» a los hombres. Las promesas

El rechazo de Dios, por el que optó el primer hombre, rápidamente cundió por el mundo en forma de maldad y pecados. Los hechos maliciosos del ser humano llegaron a deformar tanto la creación buena y bella en su origen (Guillén, 1997: 61), que el Dios-amor, horrorizado, se arrepintió de haber creado al hombre (Gen 6, 6).

Lleno de dolor, Dios decide borrar de la faz de la Tierra al ser humano que no corresponde al amor que se le ofrece, y envía el Diluvio universal. No obstante, se ha de recordar una noción importante: la máxima expresión del amor es el perdón. Al perdonar, el que desarrolla esta acción ejerce en cierto modo un poder creador (Gilbert, 2016: 61), por ese motivo, esta decisión de Dios no debe ser entendida como castigo sino como una *recreación*, una nueva apuesta por el amor. En medio de tanta maldad, sigue habiendo un ser justo que responde satisfactoriamente a la oferta de Dios: Noé será el *resto*, el amado de Dios por el cual la relación de amor entre Dios y los hombres sea recreada. Nada más terminar el Diluvio, Noé hace a Dios un sacrificio, con esta ofrenda del resto que ha permanecido en el amor, y por tanto ha sido preservado de la exterminación de la muerte, se pone de manifiesto que, si bien el hombre no está capacitado para responder a Dios con el mismo amor que éste le ofrece, quiere corresponder amando a su creador desde su imperfección. El amor de Dios, amor perfecto, amor *agapé*, ha descubierto quién es su amado y ha decidido amarlo para siempre, por eso decidió nunca más aniquilar la vida y sellar una alianza con los hombres (Gen 9, 11).

Esta alianza, que podemos entender en clave de amor esponsal, no se da de modo automático, máxime cuando una de las dos partes está, por decirlo de algún modo, incapacitada para ello. Por este motivo, el Dios-amor establecerá un periodo de «noviazgo» con la humanidad antes de sellar su alianza de amor eterno.

Dios comienza «pretendiendo» a la humanidad, y lo hace mediante las promesas. «Prometer es una palabra clave del lenguaje del amor. Prometer es empeñar uno a la vez su poder y su fidelidad, proclamarse seguro del porvenir y seguro de sí mismo, y al mismo tiempo suscitar en la otra parte la adhesión del corazón y la generosidad de la fe» (Ramlot y Guillet, 1967: 649).

La promesa de Dios a los hombres se articula a través de Abrahán, él es el receptor. La promesa comporta una herencia y un heredero: la herencia es una descendencia innumerable y la posesión de una tierra exuberante; el heredero es *a priori*, Abrahán, patriarca de un linaje concreto, sin embargo, éste es a la vez portador de la bendición para todos los pueblos de la Tierra.

La promesa implica ya la concesión de la fe en quien promete y la esperanza de alcanzar el objeto prometido. Aceptar esta promesa exige no obstante un determinado modo de vivir, comporta adherirse al Dios-amor que realiza el ofrecimiento, en palabras bíblicas: es ser santo, separarse del mundo para buscar exclusivamente el amor.

A la luz del relato del Génesis, podría pensarse que Dios llamó a Abrahán para que, dejando el gran centro cultural y religioso que era Ur de los caldeos, se refugiase en la soledad del *desierto* para alcanzar una liberación íntima y unos conocimientos profundos de Dios. Sin embargo, Dios pide a Abrahán que deje todo lo suyo: su casa, su parentela, el fruto del trabajo de toda una vida... para tener la oportunidad de recibir de sus manos lo que él le promete. No se trata de un camino ascético individual, sino de una apertura al Otro. Se hace preciso dejarlo todo para recibirlo todo del amor de Dios. La promesa en su primer estadio exige salir de sí (*eros*) para buscar al amado; por este motivo, Abrahán, al recibir la promesa sólo puede ofrecer su fe, su confianza activa en el amado que sale a su encuentro (Fries, 1974: 240-241).

1.3. Dios «ennovia» con los hombres. La alianza con el pueblo

Abrahán se ha convertido en un pueblo numeroso: durante los años de permanencia en Egipto, se materializa una parte de la promesa. Con la posesión de la Tierra, el Dios-amor quiere llevar a los hombres a una vida común con él. Esta es la motivación última de la alianza entre Dios y los descendientes del patriarca. Para cumplir la segunda parte de su promesa, Dios saca a este pueblo de Egipto, no obstante, no lo conduce a la tierra de Canaán directamente por el camino más corto, Yahvé lo lleva antes que nada al monte con la intención de establecer una alianza con él, es decir, un periodo de preparación para la vida común. En el Sinaí, Dios propone a los seres humanos relaciones formales (Scharbert, 1977: 838).

En el episodio de la zarza ardiente, Yahvé se presenta a Moisés como el Dios de Abrahán, el Dios de Isaac y el Dios de Jacob, con ello pone de manifiesto que la alianza sellada en el Sinaí está en continuidad con las promesas hechas por Dios anteriormente, pero, además, manifiesta que en esta alianza lo que verdaderamente se ofrece no es un terruño y un puñado de hijos, sino Él mismo, por eso revela su nombre y su condición haciéndose cercano a los seres humanos.

Cuando Dios sale al encuentro de los hombres muestra que su esencia interna es *auto-comunicación* de amor. Mediante el establecimiento de la alianza: primero con Noé, después con Abrahán y ahora con Moisés; Dios hace partícipe a los hombres de la capacidad para entablar una relación de amor semejante a la que constituye su esencia. Esta relación estará mediada y será materializada por la confianza y la fidelidad que los hombres tengan en Dios.

La tradición *veterotestamentaria* expresa la noción de alianza mediante el término *berit*, que significa un pacto entre iguales donde la iniciativa corre, normalmente, a cargo del más fuerte, que ofrece protección al más débil a cambio de fidelidad y servicio. En este caso, la alianza parte de la gratuidad divina. El ofrecimiento de Dios: «si de veras me obedecéis y guardáis mi alianza...» (Ex. 19, 5) denota la absoluta necesidad de que el hombre acepte libremente lo que se le propone. El Dios-amor constituirá en *pueblo de su propiedad, nación santa y reino de sacerdotes* a los descendentes de Abrahán si éstos aceptan su alianza. De modo que se compromete a acogerlos como un esposo acoge a su esposa, a separarlos del resto de los habitantes del mundo y a tener un trato íntimo con ellos. Además, entre las cláusulas de la alianza, el pueblo ha de dar culto exclusivamente a Yahvé. Esta exigencia debe ser entendida como la fidelidad que una mujer desposada debe a su prometido. El pueblo, como amado fiel de su Dios, ha de aceptar este ofrecimiento activamente, desearlo, pues la alianza, tal y como Dios la plantea, aun cuando no existe simetría entre las partes, debe ser una expresión de amor mutuo. Por eso, la fórmula empleada por los descendientes de Abrahán para aceptar el ofrecimiento que Dios les hace no puede ser otra que «haremos todo cuanto ha dicho Yahvé» (Ex 19, 8). En el momento que los descendientes de Abrahán se adhieren al amor de Dios, nace Israel como pueblo.

La alianza supone una relación particular, no tiene parangón con los pactos de vasallaje designados por el término *berit*. Dios se promete a Israel como su Dios e Israel ha de corresponder a Dios con su fidelidad. Él será su propietario y el pueblo su posesión; Dios será su rey y el pueblo su reino, Dios será su pastor e Israel su rebaño. Él será su esposo y el pueblo su esposa.

2. LAS BODAS DEL CORDERO

Por muy formal que fuese la relación de noviazgo entre Yahvé e Israel, no podemos obviar la asimetría que existía en ella. Mientras el prometido es perfectamente fiel a su compromiso, la prometida es débil en su amor y cae constantemente en el «adulterio». Aun así, el Amante, lejos de repudiar al pueblo amado, se entrega con más ahínco y perdona sus ofensas restituyéndolo en su honor y su vida, aunque para ello deba perder la suya propia.

Asumiendo sobre sí toda la maldad del mundo, el Dios-amor libera a su esposa de las cadenas del pecado y de la muerte que le impedían unirse definitivamente a él y la recibe en su casa introduciendo a los hombres en el ámbito de lo divino.

2.1. Infidelidad del amado. El ministerio de los profetas

La alianza del Sinaí no tiene un carácter definitivo y eterno, no porque Dios o su ofrecimiento sean deficitarios, sino porque Israel cae en la infidelidad constantemente. Esta infidelidad del pueblo amado se puede entender en dos vertientes. En primer lugar, podemos hablar de una infidelidad activa. Si la alianza del Sinaí se entiende como el compromiso matrimonial ente Dios e Israel, el pueblo, mientras Dios permanece fiel, es adúltero buscando y adorando constantemente a los *baales*. En otras ocasiones, además de buscar falsos esposos, como denuncia el profeta Oseas, Israel es infiel a Dios practicando un amor de *auto-latría*, es decir, divinizando el poder político, militar y económico el pueblo se olvida de que Dios es su garante, su rey y su esposo (Sicre, 1992: 367-369). Otra forma de mancillar el proyecto de amor de Dios mediante una infidelidad activa, según denuncian los profetas Amós e Isaías, es la pretensión de las clases dirigentes del pueblo de querer conjugar la avaricia personal y la injusticia social con el culto y la relación con Yahvé. Los hijos de Israel pretenden amar a Dios sin amar a sus hermanos.

Esta infidelidad activa que puede resumirse en no amar a Dios sobre todo y al prójimo como uno mismo, está en estrecha relación con lo que podemos llamar infidelidad pasiva. La alianza del Sinaí, si bien está cimentada en el amor eterno de Dios, se sustenta en la *Ley*. La *Ley* es extrínseca al hombre y no está en sintonía con lo más profundo de su corazón. Por este motivo, el ser humano, inmerso en un mar de pecado, que tiene su origen en el de Adán, no tiene fuerzas suficientes para cumplir su parte de la alianza. Es precisa, por tanto, una renovación que haga de la Ley *el leitmotiv* de los seres humanos; una nueva alianza que viene precedida de una nueva promesa: el modo en que Dios hará posible a los hombres cumplir la Ley, es decir, la capacitación total para el amor a Dios y los hermanos. El Dios-amor renovará todo lo creado, purificará a los hombres de sus maldades y les infundirá un espíritu nuevo, les arrancará el corazón endurecido como piedra a causa de sus pecados y les dará un corazón nuevo capaz de amar. Dios atraerá a los hombres hacia sí y les dará una vida nueva.

Los profetas interpretan la caída de los reinos del norte y del sur, la pérdida de la soberanía en la tierra de Canaán y el destierro en Babilonia como consecuencia directa de la infidelidad del pueblo a su Dios. El pueblo no merece ser beneficiario de las promesas hechas a Abrahán, no obstante Dios no puede dejar de cumplir su parte de la alianza, por eso no abandonará a Israel. El Dios-amor, Señor de la historia, no cesará de amar a los hombres.

Si la salvación es la vida común en el amor que Dios ofrece a los hombres, el Dios-amor hará posible esta relación perdonando a Israel todas sus ofensas. Por eso Dios no sólo hará a los hombres capaces de amar, sino que los perdonará, redimirá a los hombres de todos sus pecados. En la nueva Alianza, salvación y redención van de la mano.

Gracias al mensaje de los profetas, en el pueblo se generará la esperanza de la restauración del reino. Dios restituirá la grandeza de su pueblo, le devolverá la gloria perdida a causa del pecado por medio de un *mesías*, un enviado de Dios, un rey justo y bueno, que gobernará la comunidad de los fieles: el *resto* de Israel, con los que Dios sellará la nueva y eterna alianza.

2.2. «Llega el esposo»

«Grita alborozada, Sion, lanza clamores, Israel... ¡Yahvé, Rey de Israel, está en medio de ti!» (So 3, 14-15). Con este canto, el profeta Sofonías invitaba a la alegría del resto de Israel, pues su Señor vendría a restaurar su reinado. Lo que ni el pueblo ni el profeta podrían imaginar es que la esperanza de Israel se vería desbordada en su cumplimiento. El relato evangélico de la *encarnación* pone en boca del Ángel de Dios un saludo en que da cumplimiento al canto de Sofonías: «Alégrate llena de gracia» (Lc 1, 28). En la persona de la doncella de Nazaret se personifica el *resto* fiel de Israel de cuyo seno surgirá el Mesías prometido por los profetas (Benedicto XVI, 2012: 34-35).

El evangelista san Mateo nos dice que María estaba prometida con José, de la casa y estirpe de David. Según el derecho judío, la prometida, si bien todavía no había sido recibida en la casa de su esposo, podía ser llamada en sentido propio mujer de José. Por eso cuando el descendiente de la casa y dinastía davídica descubre que su mujer está encinta, ha de suponer que ésta le ha sido infiel y por ello, cumpliendo la ley, ha de repudiarla.

Ciertamente, para que el Dios-amor entre en el ámbito propio de los hombres precisa el sí libre de las criaturas, su complicidad. El Dios que creó al hombre en libertad para que libremente lo amara, no puede obligarlo a una vida común con él. Necesita la adhesión libre a su proyecto. María concibió por su escucha y su obediencia libre. A través de la escucha obediente del resto, personificado en María, la Palabra entró en el mundo. En el relato lucano, el Ángel del Señor confirma a la muchacha que será madre del Mesías no por relaciones conyugales normales, una vez sea recibida por José en su casa, sino que concebiría al Hijo por obra del Espíritu Santo. Con la Encarnación, misterio fundamental de la historia de la Salvación, el Dios-amor inaugura un modo nuevo de actuar: el que había permanecido siempre fiel a la alianza mientras Israel era incesantemente infiel, ahora, se hace *adúltero* en la Encarnación para lograr que el pueblo y la dinastía de David, se hagan *justos* en José (Benedicto XVI, 2012).

El nombre de Jesús contiene de manera escondida el tetragrama «YHWH», no obstante, ahora el nombre revelado en el Horeb es ampliado y concretado. El *Dios que es* se ha hecho *presente y salvador*. La encarnación del Verbo tiene como fin, por un lado, redimir al hombre de sus pecados y, por otro, la función salvadora de llevar a plenitud la creación, es decir, llevar a los hombres al fin para el que fueron creados. Existe, por tanto, una integridad en el designio de amor eterno de Dios que es a la vez creación y redención. El teólogo Teilhard de Chardin dirá a este respecto que creación, encarnación y redención son como las caras complementarias de un mismo proceso: la unificación en Cristo, la consumación en el amor.

La práctica inaugurada por Dios en la encarnación tiene continuidad en el primer gran acto de la vida pública de Jesús: el bautismo en el Jordán revela el significado mesiánico de la misión del Hijo. Jesús se coloca en la fila de los pecadores aun cuando es ontológicamente el Santo; este hecho da cumplimiento a uno los cánticos del profeta Isaías donde se asegura que el «Siervo de Dios» toma sobre sí los pecados de la humanidad. En conexión con el episodio del bautismo está el de las tentaciones del desierto. Dios opta libremente por sufrir las consecuencias del pecado aun cuando no lo ha cometido, elige asumir la naturaleza humana radicalmente y por ello escoge ser tentado como los demás hombres. Cuando hablamos de tentaciones, hemos de tener en cuenta que en el mundo se da una existencia autónoma del pecado, si no del actual al menos del original, que, como se ha referido en el capítulo anterior, sumerge al hombre en una situación anormal en su relación con Dios. Jesús, asumiendo el pecado de la humanidad y sufriendo y superando sus consecuencias desde su plena humanidad, abre el corazón de Dios a la miseria de los hombres. Se hace empático con los hombres (Gilbert, 2016: 10-11).

2.3. El misterio pascual. Desposorio de Dios con los hombres

El Hijo eterno del Padre asumió la naturaleza humana hasta sus últimas consecuencias, hasta la muerte. Por este motivo, la muerte de Jesús no es una muerte aparente, todo lo contrario, es la muerte más mortífera de cuantas han acontecido en la historia. Jesús murió humanamente, con toda la incertidumbre, duda y angustia que este trance acarrea, pero tratándose Jesús del amor de Dios encarnado, el género de la muerte que sufrió no puede sernos indiferente. Jesús de Nazaret fue el hombre para los demás, no se negó a perderlo todo, a entregarlo todo en favor de los hombres, por este motivo, su muerte está verdaderamente preñada de sentido (Duquoc, 1978: 283-286).

«Antes de la fiesta de la Pascua, Jesús sabía que había llegado su hora de pasar de este mundo al Padre. Él, que había amado a los suyos que estaban en el mundo, los amó hasta el final» (Jn 13, 1). Jesús fue consciente de su entrega total por nosotros, una entrega que el Hijo hace por amor al Padre, por lo que la relación entre Dios y los hombres, entre los que se encuentra el Hijo, ya no estará marcada por la desobediencia de Adán, sino por la entrega de amor de Cristo.

En el acontecimiento redentor de la pasión, muerte y resurrección toda la maldad e inmundicia del mundo entra en contacto con el Puro, el Santo, de modo que toda la suciedad queda absorbida, anulada, transformada mediante el dolor del amor infinito. El Dios-amor introduce en el mundo por medio de su Hijo la pureza infinita y bebe del cáliz de todo lo terrible del hombre, restableciendo, por este acto de amor, el derecho y la justicia perdidos.

La Pasión se inicia en la última cena de Jesús con sus discípulos. Dado el ambiente pascual de la misma y a la luz de los acontecimientos posteriores, se ha de comprender que Jesús no está conmemorando la Pascua judía, sino celebrando la suya propia. En la mentalidad judía, la cena expresa la comunión de los comensales entre ellos y con Dios, por ello, la última cena es a la vez anticipo y ejecución de lo que le sigue. Con la entrega de su cuerpo y de su sangre bajo las especies del pan y del vino, Jesús se entrega al nuevo pueblo, representado totalmente en los doce, y le hace partícipe de su vida. Con el sacrificio de su cuerpo y el derramamiento de su sangre, presentes ya de modo «sacramental» en la cena y cumplido fácticamente en las horas siguientes, Cristo establece la nueva y eterna alianza de Dios con los hombres.

Si en la antigua alianza se pretendía reparar la ofensa cometida a Dios inmolando corderos y derramando su sangre sobre el pueblo, ahora Dios mismo se hace cordero pascual para redimir y salvar a muchos. En este sentido, san Pablo escribe a los corintios: «a Cristo, que no conoció pecado, lo hizo pecado por nosotros para que viniéramos a ser justicia de Dios en él» (2Cor 5, 21). Por ello se puede decir que la verdadera motivación del sacrificio redentor de Cristo en la cruz es, en conexión con la encarnación, el amor de Dios a los hombres. En la pasión y muerte del Señor se completa el escándalo de la encarnación, pues el bienhechor, justo y santo es abandonado, tratado como un malhechor y expulsado de la ciudad santa. Con su inmolación, Cristo, verdadero cordero pascual, devuelve al Padre una humanidad liberada de odio, dolor, muerte y traición y hecha obediente en el Espíritu por el perdón y el amor.

La resurrección de Jesucristo supone la plena y verdadera manifestación de Dios. Este acontecimiento muestra cómo aquél que pendió de la cruz es el Dios-amor que restaura y lleva a su plenitud la naturaleza del hombre. La resurrección del Hijo no es la simple revivificación de un cadáver, el resucitado existe de un modo completamente diverso, vive desde Dios, no pertenece al mundo de lo tangible, y sin embargo se deja ver y tocar. La resurrección representa el rompimiento de las cadenas de muerte que mantenían cautiva a la humanidad para dirigir a los hombres a un nuevo tipo de vida. Con la resurrección, Jesús, como primicia, eleva al ser humano a una nueva dimensión, una nueva posibilidad de ser, a la que todos los hombres están llamados (Benedicto XVI, 2011: 282-285).

Dios podría haberse revelado a los hombres de manera tajante y patente. Podría haber realizado la salvación y la redención sin necesidad de la pasión y muerte del Hijo. Podría al fin, haberse manifestado resucitado y glorioso a todos dejando bien claro quién es. Pero ése no es el estilo del amor. Él no arrolla con poder exterior, sino que da libertad. Ofrece y suscita amor. Por la resurrección se lleva a conclusión la alianza, se restablece la amistad entre Dios y los hombres y, además, la vida divina es comunicada a la naturaleza humana, primero en Cristo como primicia (redención objetiva) y a través de él a todos los hombres (redención subjetiva) que libremente se adhieran a la nueva alianza (Amato, 2009: 615).

3. LA FE, RESPUESTA AL AMOR DE DIOS

Del mismo modo que la Alianza del Sinaí constituyó a Israel como pueblo, el fruto de las Bodas del Cordero será el nuevo pueblo de Dios, la Iglesia, pueblo que, no obstante, guarda una cierta continuidad con Israel, pues es en quien se cumplen las promesas definitivamente. Por otro lado, se ha de señalar un componente de novedad: la pertenencia a la Iglesia no viene dada por el cumplimiento de la Ley o por la raza, sino por la fe y la obediencia a Dios su Señor.

En santa María Virgen, se puede encontrar el catálogo de virtudes y condiciones que Dios precisaba para llevar a cabo su obra. Ella personifica al resto que aguardaba la salvación, ella es garante de la fe obediente del antiguo y del nuevo pueblo y ella, por último, es la imagen perfecta de la Iglesia.

3.1. María. Arca de la alianza del amor de Dios a los hombres

Con la irrupción del pecado en el mundo, surge la promesa por parte de Dios de la superación del mal acaecido por la decisión libre de la humanidad. Al pecado de Eva, madre de todos los vivientes, le sigue la promesa de vencer el mal por medio de la descendencia justa de la «mujer» (Ponce Cuéllar, 2001: 615).

Si nos acercamos a la historia de la Salvación en clave de preparación para la alianza definitiva, podemos encontrar en la imagen tipográfica de la «mujer» la prefiguración implícita o explícita de la Madre del Redentor.

A la luz de los acontecimientos pascuales, la comunidad incipiente de los discípulos de Jesús encontró en el «protoevangelio» de Génesis 3, 15 y en otros muchos pasajes de la Escritura el anuncio de la pura doncella de Nazaret. Por otra parte, la profecía de Miqueas nos habla de un resto fiel a Yahvé del que surgirá un rey libertador, un Mesías nacido en Belén de Judá. Al mismo tiempo, este texto de Miqueas hace referencia a una criatura concreta: a una mujer de la que nacerá aquel que representa el cumplimiento de las promesas.

El evangelista san Juan no se refiere a la Madre de Jesús con su nombre en ningún lugar de su relato. Con este hecho, pretende llamar nuestra atención no sobre la persona de María, sino sobre su función en la historia de la Salvación. Con el título «mujer» aplicado a la Madre de Jesús, san Juan hace referencia al resto fiel del que saldrá el Mesías de Dios. María es, por tanto, para el evangelista, el punto final de la historia de Israel como pueblo elegido. Ella es la imagen escatológica del Pueblo de la Alianza que encontramos en los profetas (De la Potterie, 1979, 13-14). Quedan unidos, de este modo, las perspectivas del «resto» y de la «mujer» particular personificada en María. Si con Abrahán comenzó el idilio de amor entre Dios y los hombres, en María llega a su perfección, al momento culminante del desposorio entre Dios y los hombres. En el establecimiento de la nueva alianza, al igual que en la Alianza del Sinaí, Dios precisa la adhesión libre de su pueblo. En la persona de María, los santos padres descubrieron no un instrumento pasivo usado por Dios, sino una colaboradora libre y activa, por su fe y obediencia, en la redención y salvación de los hombres.

En el relato de la boda en Caná de Galilea, el evangelista muestra cómo la vida terrena de Nuestro Señor tiene como objeto el establecimiento de la nueva Alianza. Tal evento, la «hora» de Jesús, es decir, las nupcias del Dios-amor con su pueblo, el tiempo del cumplimiento de todas las promesas, no corresponde designarlo más que a Dios. No obstante, Yahvé, fiel al compromiso adquirido en el Sinaí, no puede guardar silencio ante el clamor del pueblo fiel personificado en María. Ella precipita la acción de Dios cuando pone en conocimiento de Jesús la necesidad de los novios y se dirige a los sirvientes con una expresión que recuerda a la usada por el pueblo para ratificar la Alianza del Sinaí. Por ese motivo, se puede decir que María es el «resto», el Israel verdadero, que manteniéndose fiel a Yahvé, aun cuando parece que recibe una respuesta negativa o que Dios simplemente está ausente, ha de ser llamada bienaventurada por creer en la salvación prometida.

3.2. María. Bienaventurada porque ha creído

La fe es la forma humana de responder al designio de Dios en la historia. En la cultura bíblica, la fe tiene dos polos fundamentales: en primer lugar, la confianza que nos merece una persona, es decir, la fidelidad, que corresponde a la primera parte del axioma agustiniano: *credere Deum*. Dios es en quién creemos, esto es, lo que se conoce en teología como *fides quae*. En segundo lugar, la fe está relacionada con la inteligencia; es el proceso intelectivo por el cual, a raíz de una palabra o de un signo, el sujeto que tiene fe se adhiere a realidades que no puede comprender desde la propia razón. Esta dimensión de la fe corresponde a la segunda parte del axioma agustiniano: *credere Deo*, que remite al motivo por el cual se cree, es decir, al carácter teo-céntrico de la fe. Lo que en teología recibe el nombre de *fides qua* (Pié-Ninot, 2009: 189).

Se puede hablar de una tercera faceta de la fe derivada de las dos anteriores. La fe tiene una dimensión «obediencial». Cuando Dios estableció su alianza con Israel en el Sinaí, pidió al pueblo que obedeciera su Palabra. Obedecer los preceptos de la ley mosaica sólo tiene sentido si se cree en Dios. De este modo, la fe implica un modo de vivir que nos dirige hacia el objeto de la creencia. Esta dimensión de la fe corresponde a la tercera parte del axioma agustiniano: *credere in Deum,* que se refiere a la dimensión escatológica de la fe, es decir, a cómo la vida del creyente tiende constantemente hacia Dios como la del amado a su amante (Pié-Ninot).

La fe de Israel estuvo amenazada a causa de las vicisitudes por las que el pueblo elegido tuvo que atravesar. Especialmente, con la pérdida de la soberanía y el destierro el pueblo pudo caer en la tentación de creer que Dios había olvidado sus promesas o, lo que es peor, que Yahvé había sucumbido al poder de los dioses extranjeros. Pese a las dificultades, la fe de Israel se mantuvo en un pequeñísimo grupo cuya única esperanza fue Dios. Esto es posible pues, en la propia revelación de Dios, va implícita la capacidad de aceptar la palabra o el signo recibido como elemento que remite a una realidad que supera la lógica humana.

El Concilio Ecuménico Vaticano II enseña que santa María Virgen es el modelo de fe perfecta. No sólo por haber creído en lo que el ángel Gabriel le anunció la mañana de Nazaret, sino por manifestar su fe encaminándose de inmediato a casa de Zacarías para atender a su anciana y estéril prima que había quedado encinta. María se mantuvo en la fe cuando, tras el nacimiento de su Hijo, recibió la extraña visita de unos pastores y de unos magos venidos de Oriente, cuando recibió los anuncios enigmáticos de Simeón y Ana, cuando tras perder al niño durante tres días lo encontró en el Templo rodeado de doctores de la Ley ocupándose de los asuntos de su Padre. María no perdió la fe cuando después de una vida de seguimiento a su Hijo, se encontró sumergida en el mayor sufrimiento que puede atormentar a una madre, uniéndose perseverantemente en la fe al sufrimiento de Dios-amor crucificado (L.G. 57-58).

María es la mujer de la fe firme que se apoya en la verdad irrefutable: «no hay nada imposible para Dios» (Lc 1, 37). La expresión lucana «guardaba todas esas cosas y las meditaba en su interior» (Lc 2, 19) muestra cómo ella es modelo en cuanto ha recibido la capacidad de interpretar los acontecimientos de su vida como manifestación del poder de Dios en la historia. María no sólo es garante de la fe por creer en un amor que no puede comprobar empíricamente, sino por comprender los hechos de su historia con la inteligencia de la fe.

3.3. María. Imagen del nuevo pueblo de Dios

En la nueva alianza, establecida por el Dios-amor en el Gólgota, se puede apreciar la continuidad de la acción de Dios en favor de su pueblo a lo largo de la historia, por un lado, pero también el carácter novedoso y radical de la relación de amor entre Dios y los hombres inaugurada por Cristo, por otro. Para comprender de manera armónica esta doble dimensión de la alianza nueva, podemos fijar nuestra mirada en la figura de santa María. Ella, del mismo modo que representa al *resto*, al Israel verdadero, es, a partir de la cruz, el Sion mesiánico que reúne a los hijos nacidos del agua y del Espíritu, representados en el discípulo san Juan. Todos los que creen en Cristo, miembros de su rebaño escatológico, han sido entregados a María-Iglesia como hijos.

La historia de amor que comenzó con la promesa a Abrahán, el cual a pesar de su esterilidad por su fe engendró a un hijo al que llamó Isaac (sonrisa de Dios), llega a su culmen en María. De modo que los hijos de la promesa ya no son aquéllos que cumplen la ley de Moisés, sino los que creen en la Palabra creadora nacida de María.

La Iglesia de Jesús es el pueblo de la nueva alianza convocado y reunido en virtud de la elección gratuita del Dios-amor. La Iglesia, en cuanto pueblo elegido y rebaño de Dios es, en cierto sentido, como una persona que escucha la Palabra de Dios, la acoge en lo más profundo de su ser y la enseña como madre solícita. Por su fe perfectísima, por su caridad material y por su íntima unión a Cristo, la santísima Virgen María es la imagen perfecta, tipo, de la Iglesia, nuevo pueblo de Dios.

Al igual que María, la Iglesia, cubierta por la sombra del Espíritu, permanece fiel y obediente a Dios y da a luz al Hijo eterno sacramentalmente, a quien Dios colocó como primogénito de una multitud de hermanos. La Iglesia es madre como María, pues cumpliendo fielmente la voluntad de Dios, su esposo, engendra hijos para la vida eterna a través del bautismo y la predicación, preservando la virginidad intacta de la fe que recibió del mismo esposo. Si en la antigua alianza, Jerusalén era considerada como la madre de los hijos dispersos de Israel a causa del exilio en Babilonia, ahora, tras el acontecimiento de la cruz, María es la nueva Jerusalén que albergó en su interior no un templo de piedra, sino el Templo verdadero. Por este motivo ella es la Madre que reúne a todo el nuevo pueblo congregado por Dios.

María es Madre de Cristo por la encarnación y el parto del Hijo en Belén. Pero es también Madre de todos los que siguen a su Hijo, a los que dio a luz en el doloroso parto del Gólgota. La Iglesia, como María dando a luz a sus hijos por el doloroso trance del Calvario, los alumbra para la vida resucitada. Por eso, se ha de decir que la «hora» de Jesús está inexorablemente vinculada a la hora de la mujer (Ponce Cuéllar, 2001: 175-176). María, al aceptar el designio de Dios en la encarnación y permanecer fiel en la fe hasta la cruz de nuestro Señor obtuvo para sí, no sólo el título de Madre del divino Redentor, sino también, el de Madre de todos los hombres redimidos por tan alto sacrificio. Su solicitud materna no se vio interrumpida por el final de su vida terrena, sino que, por su intercesión celeste, sigue cuidando del rebaño adquirido por la sangre del Pastor eterno.

María no sólo es imagen de la Iglesia como mujer de la fe, hecha madre en el Calvario de todos los discípulos de Jesús, María es el «proyecto» escatológico de la Iglesia, lo que el pueblo de la nueva Alianza está llamado a ser en plenitud: santa, preservada de todo pecado y comunidad de los habitantes del Cielo (Müller, 2009: 587-588).

CAPÍTULO III:
LA NUEVA CREACIÓN. VIDA EN EL AMOR

1. LA IGLESIA. COMUNIDAD AMOROSA DE LOS HIJOS DE DIOS

Con el don del Espíritu Santo a los hombres se obra una renovación interior que hace, de los que lo reciben, hijos en el Hijo unigénito de Dios. El único Espíritu que habita en el corazón de los hombres los constituye en pueblo, una comunidad de hermanos, hijos del mismo Padre. Esta comunidad es la Iglesia, que, siendo una, está presente en todo tiempo y lugar, es santa pues está animada por el Santo y cimentada en la roca de los Apóstoles. La Iglesia hace presente al mismo Cristo entre los hombres, anuncia el Evangelio y continúa en la historia la misión encomendada por el Padre.

1.1. La efusión del espíritu. Recreación humana y fundación de la iglesia

La efusión del Espíritu Santo narrada tanto en el Evangelio según san Juan como en el libro de los Hechos de los Apóstoles sumerge a la humanidad en una nueva realidad de la que podemos destacar dos aspectos fundamentales: la recreación del género humano y la fundación de la Iglesia.

Cuando Cristo entregó su Espíritu en el Gólgota hizo a los hombres partícipes de lo más propio de su persona: ser Hijo unigénito del Padre. Jesús, al infundir en nuestro corazón el Espíritu Santo dando cumplimiento a la promesa del profeta Ezequiel, nos hace partícipes de su relación filial con el Padre. La presencia del Espíritu Santo en nosotros obra una auténtica transformación en lo más profundo de nuestro ser y nos *con-forma* con Cristo haciéndonos hijos adoptivos de Dios.

Con la recepción del Espíritu Santo y la introducción en la filiación divina de Jesús, el ser humano llega a la plenitud de su ser. Esta oportunidad de participar en la relación existente en el seno de la Trinidad, relación que consiste en la auto-donación de cada una de las divinas Personas a las otras, hace que los incorporados a Cristo por el Espíritu sean plenamente capacitados para amar y recibir amor. Es decir, dejan de ser simples criaturas para ser *personas*, hijos de Dios en el Hijo, capaces de entregarse completamente a Dios y a sus semejantes (Ladaria, 2012: 248).

Como se ha expresado en el capítulo primero, lo que constituye el ser personal es ser reconocido por un tú amante. En este sentido, en Pentecostés, al recibir los hombres el Espíritu Santo de Cristo resucitado, son unidos al Tú original de la persona del Hijo eterno de Dios. Pero esta unión no es exclusivamente individual de cada criatura con el Hijo, sino que tiene un aspecto comunitario. En la filiación divina del único Hijo, los hombres, somos hechos hijos del único Padre y, por tanto, hermanos entre nosotros, constituidos en un tú personal capaz de reconocer y amar al Tú original al que sólo se tiene acceso amando a los de nuestra condición.

Con el sacrificio de amor perfecto realizado por Jesús en el Calvario, el Dios-amor quiere que todos los hombres se salven, es decir, se unan a Él. Esta unión forja la alianza de Dios con su pueblo, en la que los corazones de sus miembros son habitados por el Espíritu Santo como en un templo y cuya ley fundamental es amar como una esposa ama a su esposo. Por la efusión del Espíritu, los discípulos de Jesús son unificados en un pueblo que participa como tal en la unión amorosa del Padre con el Hijo y con el Espíritu. Al expirar Cristo su Espíritu sobre la Iglesia, pueblo nuevo, representado en la Mujer y el Discípulo, no sólo la libera en su humanidad cautiva por el pecado, sino que, en la consumación de la misión de Hijo, se inicia la misión del amor-persona que da fuerza y alegría a todos los que lo reciben. Con la entrega total del Espíritu en Pentecostés, se manifiesta la entrega en el amor mutuo jamás pensada, de modo que Dios habita en los hombres y éstos son hechos partícipes de la vida divina.

La Iglesia, como nuevo pueblo de Dios es ahora el Templo en el que habita Dios, es el lugar desde el que el Dios-amor sigue manifestándose a los hombres a lo largo de la historia. La Iglesia es depositaria del Espíritu que acompañó a Jesús desde el instante de la encarnación hasta su expiración el Viernes Santo. Ella trasmite la fuerza vivificante que es el Amor mismo en persona y continúa la misión que el Hijo comenzó en la Tierra. Por este motivo se ha de decir que la Iglesia es fundada entre el Calvario y el Cenáculo; entre la cruz y Pentecostés y es fruto de la misión de Jesucristo y de la misión del Espíritu Santo (Mateo Seco, 2005: 212-215).

1.2. La iglesia. Un pueblo santo, universal y apostólico

La Iglesia, congregación de los llamados por Dios, querida por Cristo para llevar a todos los hombres a la salvación, es sustentada en sus funciones de *martyria*, *leiturgia* y *diakonia*; en sus carismas y personas, por el Espíritu Santo enviado por el Padre y el Hijo. Por este motivo se puede decir que el Hijo, presente en el Espíritu Santo, alma de la Iglesia, es quien desempeña su ministerio sacerdotal, regio y profético, en el seno de la misma.

El término Iglesia se aplica al conjunto de los cristianos, independientemente el tiempo y lugar en el que habitan. No obstante, la Iglesia no se articula como una sola comunidad disipada y dispersada por todo el mundo, sino que se realiza a través de las Iglesias locales, considerando éstas no como partes complementarias de un ente, sino como la realización de la totalidad de la Iglesia en cada lugar donde existen. La *unidad* de la Iglesia se funda en la comunión entre estas Iglesias locales y se lleva a cabo por participación en la misma fe, los mismos sacramentos y la misma estructura externa.

La Iglesia es una, pues surge del Dios Uno y Trino. Esta unidad es debida al Espíritu Santo, que habitando en todos y cada uno de los creyentes, es quien dirige y gobierna a la Iglesia.

De la unidad de la Iglesia se desprende su *santidad*. Si es una por estar fundada y sustentada por el único Dios, como obra de este Dios es santa, tanto en su esencia y en sus acciones como en sus miembros, sean éstos justos o pecadores; es santa en cuanto que en ella se expresa el Santo y Santificador que quiere actuar eficazmente a través de ella para salvar y santificar a los hombres, a los que la Iglesia no deja de engendrar como santos suscitándolos, educándolos y alimentándolos con los mismos dones que recibe de Cristo su esposo.

De la voluntad divina de que todos los hombres se unan a él por el amor, deriva la universalidad de la Iglesia, que podemos entender en dos aspectos distintos: por un lado, una *universalidad cuantitativa*, referida a la generalidad de la oferta de la salvación, y por otro, una *universalidad cualitativa*, referida a los medios de los que la Iglesia dispone para la salvación del género humano. Así se debe afirmar, en base a esta doble universalidad, la catolicidad de la Iglesia como nuevo pueblo de Dios, enviado a todos los hombres con medios apropiados para hacerles llegar el amor de Dios.

La misión universal de la Iglesia, que se desprende de su unidad, santidad y catolicidad, se desarrolla a lo largo de la historia en virtud de la trasmisión fidedigna de la revelación que el Dios-amor ha hecho de sí a los hombres. La Iglesia se identifica con el conjunto de los discípulos de Jesús, testigos de su vida pública y de su resurrección; pero especialmente con el círculo de los apóstoles y misioneros de la primera generación cristiana. Ellos, a través de la *sucesión apostólica*, trasmitieron las enseñanzas recibidas de parte del Señor, así como la potestad de actualizar en todo tiempo y lugar su obra salvadora y redentora. De este modo, se puede identificar a los obispos, con el obispo de Roma a la cabeza, como verdaderos sucesores de los apóstoles, como garantes de la verdad y el amor de Dios trasmitido por la Iglesia.

1.3. La iglesia. Sacramento del amor entre Dios y los hombres

Igual que el hombre deja a su padre y a su madre, y se hace una sola carne con la mujer, el Señor se ha unido tanto a la Iglesia, nuevo pueblo desposado con Dios, que ésta puede considerarse como el propio cuerpo de Cristo. Es así instrumento de Cristo resucitado por el cual éste se presenta en la historia, haciendo de la Iglesia medio de salvación para que todos puedan participar del encuentro con él a través de esta realidad visible. En virtud de esta unión, la Iglesia goza de una *indefectibilidad* que puede ser entendida, en primer lugar, como indestructibilidad en cuanto sociedad visible que procura la comunión con la gracia pese a albergar pecadores en su seno. De esta indestructibilidad, se deriva una segunda noción: la Iglesia es indefectible en su santidad, que se concreta en su esencia y su existencia por las funciones básicas de *martyria*, por la que la Iglesia es infalible en sus pronunciaciones doctrinales gracias a la acción, en ella, del Espíritu Santo como garante de la Verdad; «en la *leiturgia*, en virtud de la eficacia objetiva de sus acciones y en la *diakonia*, como realización del amor de Dios en el amor al prójimo» (Müller, 2009: 582-583). De este modo, la Iglesia no existe para sí, sino para los hombres; entregándose a ellos para su ayuda y protección, como vicaria, investida del poder y la autoridad del mismo Cristo, siendo inferior a él, para hacer llegar el amor y la verdad que Dios tiene para todos.

La Iglesia es en Cristo instrumento de Dios para la salvación del mundo. Por su forma social y visible es *signo eficaz* de la comunión invisible de los hombres con Dios y entre ellos mismos. Pese a ejercer una tarea salvadora, no se puede caer en el error de considerar la Iglesia como la propia salvación: ella es solo signo de la salvación. La Iglesia es como la Luna, que, aun brillando en mitad del cielo nocturno, no lo hace con luz propia sino con la que recibe de Cristo, Sol que nace de lo alto (Beinert, 1973: 307).

La Iglesia es, por tanto, *signo eficaz* de la unión de Dios con los hombres. Signo instituido y fundado por el Señor. Es de este modo, mucho más que una sociedad de hombres mancomunados para alcanzar un objetivo común religioso. En primer lugar, porque la Iglesia no se halla emancipada del poder de su fundador, sino que es su «mano extendida» a través de los siglos a los hombres que a la par están íntimamente unidos a Cristo por la acción del Espíritu Santo en el seno de la Iglesia.

Pero la Iglesia no sólo es signo del amor por actualizar de la entrega graciosa que Dios hizo de sí a los hombres, fundando un reino nuevo, un reino interior a los propios hombres, sino que es signo del amor porque en ella y a partir de ella se da la respuesta de amor del hombre a Dios, de modo directo y a través del amor al prójimo. Por eso, la propia dimensión comunitaria de la Iglesia contiene el amor verdadero que significa.

Se debe afirmar, de este modo, que la Iglesia es como un *sacramento* del amor entre Dios y los hombres. La sacramentalidad de la Iglesia se fundamenta en la sacramentalidad de Cristo, que no sólo significa, sino que también, contiene y es garantía de la presencia graciosa de Dios. Así la Iglesia, en cuanto realidad intramundana (sociedad visible de hombres), es signo y prenda de la realidad divina invisible que habita y opera en ella y desde ella (Semmelruth, 1973: 342).

2. LOS SIGNOS DEL AMOR DE DIOS

A través de los sacramentos, el Dios-amor sigue ofreciéndose a los hombres obrando la salvación mediante la gracia que éstos significan. De este modo, la Iglesia engendra hijos para la vida eterna y los alimenta con el mayor de los manjares por medio de los sacramentos de la iniciación cristiana, los alivia y sana de sus dolencias corporales y espirituales con los sacramentos medicinales y los llama y sostiene a un determinado estado de vida por los sacramentos del orden y el matrimonio.

2.1. Los sacramentos, amor significado

La forma sacramental de la Iglesia, sacramento universal de salvación, se pone de manifiesto especialmente en la celebración litúrgica de los *sacramentos*, que como obra de Cristo, sumo y eterno Sacerdote y de su cuerpo, es la acción sagrada por excelencia. De esta afirmación se deriva la cuestión acerca de los sacramentos. Éstos son signos tangibles, o sea *signum tantum*, que causan la gracia invisible, es decir, *res sacramenti*, que ellos mismos significan; de este modo, se entiende por «gracia» al mismo Dios que se entrega al hombre como muestra de su amor.

Los sacramentos fueron instituidos por el propio Cristo, pues están fundados en los misterios de la vida terrestre del Hijo eterno del Padre, misterios de la vida del hombre Jesús de Nazaret, anclado en un punto concreto de la historia. Son, por ello, actos salvíficos de Cristo, «el mismo ayer, y hoy, y siempre», eternamente operantes y actuales.

El rito por el cual se celebran los sacramentos está indisolublemente unido al «una vez para siempre» de la Carta a los Hebreos, de modo que, cada vez que se celebra un rito sacramental se actualiza, es decir, se trae al presente, el acto salvífico de Cristo en su Pascua. Por tanto, se debe afirmar que es el mismo Cristo Jesús el que actúa amorosamente en ellos obrando la salvación.

La causa de la eficacia del sacramento no es la santidad del ministro de la Iglesia que lo dispensa, sino el mismo Cristo, presente y operante en ellos, autor verdadero de la acción sacramental. La eficacia se realiza *ex opere operato*, es decir, por la celebración del mismo rito, que confiere la gracia que significa el signo sacramental en virtud de la potestad conferida, a través de la función apostólica, a quien los administra.

Los sacramentos, como fuerzas que brotan del cuerpo de Cristo y acciones del Espíritu Santo, actúan siempre en su Iglesia y son obras del mismo Dios, existen por y para su Iglesia. De este modo, la nota fundamental de los sacramentos es la eclesialidad, pues éstos son un don divino para el hombre que se le otorga en el seno de la Iglesia y por un ministro de la misma. Son consecuencia y prolongación de la encarnación del Hijo de Dios y pueden ser considerados verdaderos actos humanos del Dios-amor. Por este motivo, lo único imprescindible para que estos actos salvíficos sean verdaderamente posibles es que el ministro que los dispensa tenga la misma intención que Cristo y su esposa, es decir, atraer al hombre hacia el amor de Dios. La dimensión eclesial de los sacramentos se entiende, además, porque aun cuando sus efectos recaen sobre el fiel cristiano individual y concreto que los recibe, con ellos se vitaliza y perfecciona toda la Iglesia, en cada uno de sus miembros y por cada uno de ellos (Arnau-García, 2007: 194). Respecto a los sacramentos el Concilio de Trento, en su sesión séptima, celebrada el 3 de marzo de 1547, declara que son siete, a saber: «bautismo, confirmación, eucaristía, penitencia, extremaunción, orden y matrimonio». Los sacramentos están en estrecha relación con los momentos trascendentales de la vida de todo ser humano, en los que Dios, Padre solícito, no deja de derramar su amor sobre todos sus hijos.

2.2. Los sacramentos, amor cotidiano

El bautismo inicia al cristiano en la comunión y participación de la vida trinitaria del Dios-amor y en la misión salvífica de la Iglesia. Al bautizado le son conferidas las *virtudes teologales* de la *fe*, la *esperanza* y la *caridad*, infundidas por Dios en el alma. Por la inmersión en agua bautismal, la persona es aceptada en virtud de su fe en la comunidad de la Iglesia en donde se le comunica la vida en el amor.

El Concilio Vaticano II entiende el bautismo como la inmersión del creyente en el misterio pascual de Cristo. Este hecho tiene lugar a través de la triple inmersión o infusión de agua sobre el catecúmeno a la vez que se pronuncia la fórmula bautismal. El signo verbal del Bautismo está constituido por las *epíclesis* del Padre, del Hijo y del Espíritu Santo. Mediante el rito bautismal se produce la incorporación santificadora y justificadora al pueblo de Dios, el perdón de todos los pecados y la filiación divina del neófito, pues éste entra en comunión de destino con Cristo, ya que comparte su cruz y está llamado a participar de su resurrección.

La confirmación, siendo un sacramento independiente del Bautismo, forma parte de la iniciación del cristiano. Sella y consolida la vida iniciada por el bautismo concediendo de manera especial al Espíritu Santo, de modo que el Dios-amor se hace plenamente empático a los hombres. Este sacramento es conferido por la unción del santo crisma por parte del obispo, acompañada de las palabras: «recibe por esta señal el don del Espíritu Santo».

El sacramento de la penitencia fue promulgado por Dios como remedio de vida para aquéllos que después de haber sido incorporados a Cristo por el bautismo se hubiesen entregado al pecado separándose de su amor. Por este sacramento, se aplican a los penitentes los beneficios de la entrega amorosa de nuestro redentor en la cruz. El sacramento confiere la reconciliación del pecador con la Iglesia, permitiéndole participar de su vida. Este hecho tiene lugar a través de la absolución del sacerdote y por la contrición del penitente, la confesión de los pecados y las obras de satisfacción que le sean requeridas. Además de la reconciliación con la Iglesia, se obra la reconciliación con Dios Padre que acontece como renovación de la comunión con el Hijo hecho hombre, quien después de anunciar el reino de Dios, ha padecido en la cruz y resucitado de entre los muertos. El sacramento de la penitencia reconcilia con el Espíritu Santo, amor personal que se comunica por el bautismo y la confirmación y permite participar de la filiación divina de Cristo.

El otro sacramento medicinal es la unción de los enfermos. Por él, la Iglesia encomienda a los enfermos, tanto físicos como psíquicos y espirituales, al Señor para que los alivie y los salve. Asimismo, los anima a unirse, libre y voluntariamente a la pasión y muerte de Nuestro Señor, para que, participando en su acto de amor supremo, contribuyan al bien del pueblo de Dios.

Los sacramentos que hacen referencia al estado de vida de los cristianos son el matrimonio y el orden. El matrimonio es la comunión y comunidad total de vida entre dos cristianos, hombre y mujer, en la que se refleja la entrega de Cristo a su Iglesia. Por este motivo, el matrimonio se convierte en signo eficaz de la comunicación de la gracia santificante. Como Cristo amó a la Iglesia y se entregó por ella, perfecciona este sacramento el amor entre un hombre y una mujer, concediendo la gracia que va llevando a plenitud dicho amor y confirma a los dos cónyuges en la unidad.

El Señor, a través del sacramento del orden, confirió a sus amigos, los apóstoles, sus colaboradores, y a los sucesores de éstos, el poder de hacerlo presente por medio de los actos salvíficos que llamamos sacramentos. El orden sacerdotal, siendo uno, se dispensa en tres grados distintos, a saber: el diaconado, el presbiterado y el episcopado. Sea cual sea el grado, «al ordenado se le imprime una señal específica e indeleble por la que se expresa que ha sido asumido personal e irrevocablemente para el servicio de Cristo, Sacerdote, Pastor y Profeta de su Iglesia, por eso puede actuar en persona de Cristo, Cabeza de la Iglesia» (Müller, 2009: 756).

2.3. La eucaristía, el gran sacramento del amor de Dios

> Nuestro Salvador, en la Última Cena, la noche en que lo traicionaban, instituyó el sacrificio eucarístico de su cuerpo y su sangre, con el cual iba a perpetuar por los siglos, hasta que vuelva, el sacrificio de la cruz, y a confiar a su Esposa, la Iglesia, el memorial de su muerte y su resurrección, signo de unidad, vínculo de caridad, banquete pascual, en el cual se come a Cristo, el alma se llena de gracia y se nos da una prenda de la gloria venidera (S.C. 47).

La eucaristía tiene en común con los demás sacramentos ser signo visible de una realidad invisible capaz de santificar, pero este sacramento es el más alto de todos, pues contiene al autor de toda la santificación. En el sacramento de la eucaristía, Jesús mismo sale al encuentro no sólo con el poder del signo sacramental, sino Él mismo en persona. En este misterio confluyen como en un sólo punto todas las líneas teológicas: antropología, historia de la Salvación, cristología, pneumatología, eclesiología, escatología.

Después de la consagración, Nuestro Señor Jesucristo, sin dejar de estar sentado a la derecha del Padre según su modo natural de ser, está *verdadera, real* y *sustancialmente* presente bajo las especies eucarísticas del pan y el vino, las cuales han dejado de existir como tales para transustanciarse en el Cuerpo y la Sangre del Señor. Bajo la apariencia de pan está el Cuerpo de Cristo, bajo la apariencia de vino, su Sangre, y el Alma bajo las dos por la *concomitancia* que une entre sí las partes de Cristo, que después de haber muerto, resucitó para no morir más. En virtud de la unión hipostática, allí donde se encuentran el cuerpo y el alma de Jesús se encuentra, también, la Divinidad del Hijo (D.H. 1.637-1.642).

Este sacramento admirable, instituido por el Señor en la Última Cena, trae al presente, de modo incruento, el único sacrificio, que tuvo lugar de manera cruenta en la cruz. Sacramento que es *anamnesis* de toda la actividad salvífica de Jesús, además de su sacrificio de amor en la cruz y de su resurrección. Instituido para «derramar las riquezas de su divino amor hacia los hombres» para que por él se alimenten y se fortalezcan las almas de éstos a fin de que, preservados del pecado recibamos en él prenda de la gloria futura y perpetua felicidad.

El protagonista absoluto de la eucaristía es Cristo resucitado y glorificado en el Espíritu Santo que incluye a la Iglesia. Ésta, en su totalidad, es quien celebra la eucaristía, cada miembro según su condición; los sacerdotes como Cristo cabeza y el pueblo, sacerdote por el bautismo, como su cuerpo. Cuando la Iglesia celebra la eucaristía «se edifica a sí misma para lo que realmente es: comunión de vida con Cristo, señal de unión de la cabeza y el cuerpo y de los miembros entre sí» (Müller, 2009: 696-697).

Quien acepta en la fe la presencia real y sustancial de Jesús bajo las especies del pan y el vino es incluido en el amor entre el Padre y el Hijo y el Espíritu Santo. La eucaristía, recibida como alimento, nos cambia, de modo que, alimentándonos de Jesús, hecho alimento de verdad y amor, nos iniciamos en una vida nueva, en la existencia cristiana partícipe de la vida divina, ya que la humanidad de Jesús es símbolo real de la comunión entre lo humano y lo divino.

Para ser verdaderamente partícipes del misterio que contiene y se celebra en la eucaristía, todos los fieles deben buscar la coherencia entre su actitud interior y las palabras y gestos que profesan exteriormente. La eucaristía, bien recibida, convierte a quien la recibe en lo que ha comido: cuerpo de Cristo; por eso es sacramento de unidad, tanto individual, como comunitario.

3. LA TENSIÓN ESCATOLÓGICA DE LA VIDA EN EL AMOR

La vida cristiana exige un determinado modo de actuar respecto de Dios y de los hombres, una vida moral que no se funda en conceptos o filosofías humanas, sino en la docilidad del corazón del hombre al amor que lo invade. Por eso, al final de la existencia terrena, cada cual recibirá, en función del amor que haya sido capaz de acoger y dar, una recompensa tan grande que no puede ser disfrutada según los parámetros de este mundo. Esta vida en el amor nos recreará a nosotros y al mundo y nos insertará en Dios.

3.1. La moral. Modo de vida en el amor

> Quien dice: «Yo le conozco» y no guarda sus mandamientos, es un mentiroso y la verdad no está en él. Pero quien

> guarda su palabra tenga por cierto que el amor de Dios ha llegado en él a su plenitud. En esto conocemos que estamos en él. Quien dice que permanece en él debe vivir como vivió él (1Jn 1, 4-6).

Ante las iniciativas gratuitas del Dios-amor, la única respuesta posible del hombre de fe es la vida moral. Ésta es una respuesta según lo enunciado en el mandato: «Amarás a Yahvé tu Dios con todo tu corazón, con toda tu alma y con todas tus fuerzas» (Dt 6, 5). En los mandamientos del decálogo, Dios se da a conocer como el único bueno, como el modelo del obrar humano, como Aquél que por amor al hombre es fiel a la alianza que estableció con él. Para quien ama a Dios es suficiente la *comunión* con él, no busca ninguna recompensa fuera de la participación en la vida intratrinitaria.

Pero la vida moral del hombre no sólo atañe a su relación con Dios. El amor al prójimo brota de un corazón que ama y que, precisamente porque ama, está dispuesto a vivir las mayores exigencias. Jesús muestra que los mandamientos no deben ser entendidos como límite mínimo que hay que sobrepasar, sino como una senda abierta para un camino moral y espiritual de perfección cuyo impulso interior es el amor recibido de Dios.

Acogiendo al Dios-amor en sí mismo, el hombre recibe de parte de Jesús la invitación al seguimiento, que exige la imitación de su vida y por tanto el cumplimiento del precepto del amor al prójimo. Este amor fue consumado por Jesús en la entrega de la cruz como la medida con la que los discípulos deben amarse unos a otros (Juan Pablo II, 1993: 10-20).

De este modo, el amor derramado en los corazones por el Espíritu Santo (Rm 5, 5) es como la fuerza extraordinaria que mueve a los hombres a comprometerse valientemente en la lucha por la justicia y la paz. Este amor, como dirá el apóstol san Pablo, es junto a la alegría, la paz, la paciencia, el dominio de sí, la fidelidad, la modestia..., fruto del Espíritu, don de Dios (Gál 5, 22). Cristo Jesús no vino al mundo para implantar un nuevo orden más justo, no vino a desvelar una verdad superior a las conocidas, no vino a mostrar el valor más alto de la escala de valores. Jesucristo no vino a renovar la realidad existente o a desvelar posibilidades más elevadas. El Hijo de Dios vino al mundo para abrir los ojos a los hombres y mostrarles lo que el mundo y la existencia humana son, para proporcionar un nuevo punto de partida desde el que el hombre puede vivir una relación nueva con Dios, con los demás hombres, con el mundo y consigo mismo; un comienzo no desde la creatividad meramente humana, sino desde la comunión con Dios. Cristo no trae una filosofía o una ética, no anuncia una moralidad más pura, sino que enseña que la existencia humana, en todas sus manifestaciones: economía, política, filosofía, naturaleza, instinto, arte, religiosidad... lejos de Dios es una ruina (Guardini, 2008: 359).

La moral define todo el obrar humano. Pero el obrar no es producto exclusivo de la intencionalidad del hombre. Tampoco lo es de Dios, como si cada acto bueno del hombre se realizara sin el concurso de la voluntad de éste. En los actos morales podemos encontrar la conjunción perfecta entre la libertad del hombre y la inspiración divina. Un acto moral, ya sea para consigo mismo, ya sea para con los demás, es resultado de la adecuación libre de la voluntad y deseo del hombre con el amor de Dios, que nace del *encuentro* del hombre con la *caridad* en persona. La caridad, mediante su presencia entre los hombres, elevó la dignidad humana haciendo a los hombres partícipes de la filiación divina. Por este motivo, el apóstol san Juan, afirma:

> Dios es Amor: y el que se mantiene en el amor se mantiene en Dios y Dios en él. En esto conocemos que el amor ha alcanzado en nosotros su plenitud: en que tengamos confianza en el día del juicio, pues según es Jesucristo, así seremos nosotros en este mundo (Jn 4, 16-17).

3.2. El juicio particular. Examen del amor

El hombre recibirá un pago en función de sus obras morales. Esta noción de retribución excede el concepto moderno de salario que recoge el DRAE: «cantidad de dinero con que se retribuye a los trabajadores manuales»; es más, excede también el objetivo de una vida religiosa. La retribución es el fruto normal de la relación con el Dios-amor. No obstante, para entender esta noción podemos atender al concepto antes mencionado de salario, pues, ciertamente, aquél que busca a Dios alcanzará unos beneficios, mientras que quien rehúse hacerlo se verá privado de ellos. Otro concepto útil para comprender la noción de retribución es el de *juicio*, es decir, la retribución sería el premio o castigo, según lo obrado por una persona. De este modo, la expectativa de recibir una retribución pone al ser humano ante la diatriba de elegir un camino en su vida: o bien el camino de la moral fundamentado en el amor, o bien el camino diverso a éste, es decir, el camino de la muerte. Sea cual sea la elección, tanto la retribución como el juicio corresponden a Dios, único capaz de sondear hasta lo profundo del corazón del hombre (Wiener, 1967: 691-692).

La unión de justicia y retribución sitúa en la paradoja del triunfo y el disfrute de muchos impíos y malvados. Se requiere de la fe para considerar que, si Dios es el juez supremo, la retribución de los actos en este mundo será llevada a cabo en el más allá. La muerte marca de este modo una frontera natural entre los actos y la retribución ultraterrena.

La tradición bíblica no presenta la muerte como un cese

de la existencia del hombre, sino como despojarse del vestido, como un ausentarse del cuerpo. La muerte marca el final del periodo en el cual el hombre desarrolla actos merecedores de retribución por parte de Dios, después de la muerte nada se puede hacer para inclinar la balanza en el juicio, no se puede elegir a favor o en contra de Dios (Pozo, 1980: 467-470). Por tanto, «es necesario que vigilemos constantemente para que, terminado el único peregrinar de nuestra vida terrestre, merezcamos entrar con él a las bodas y ser ganados entre los benditos» (L.G. 48).

El papa Benedicto XII, en su constitución «Benedictus Deus» del 29 de enero de 1336, declara que, en virtud del *juicio particular*, los que mueren sin necesidad de purgar contemplan y gozan de modo intuitivo, sin mediación de criatura alguna, de la esencia de Dios, ya antes del *juicio universal*. Del mismo modo, los condenados sufren ya las penas del infierno aun cuando su alma se encuentra separada del cuerpo. Esto es lo que en teología recibe el nombre de escatología intermedia.

Ahora bien, los que han muerto sin pecado mortal pueden estar necesitados de purificación antes de gozar plenamente de la presencia del Dios-amor. Esta justificación no se refiere a lo que de justicia pueda realizar cada uno de ellos, ya se ha dicho líneas arriba que después de la muerte no se pueden realizar obras dignas de retribución, sino a la justificación de Cristo, que hace justo, es decir, a la gracia del Hijo que renueva el espíritu en la mente del ánima purgante. Por eso no sólo son posibles, sino que son necesarias, las obras satisfactorias que la Iglesia peregrina en la Tierra pueda ofrecer por la justificación de los difuntos.

3.3. La parusía. El fin del amor

Con la *parusía* se inaugurará un nuevo eón, en él se restaurarán las murallas caídas de la ciudad santa, todo será transformado de modo que Dios sea todo en todos (1Cor 15, 28). En la parusía los cristianos esperamos la venida definitiva del Señor, sustancialmente distinta a la primera, caracterizada por la humildad. Esta segunda acontecerá en gloria y majestad, después de haber vencido a la muerte. Por este motivo, la forma en que se describe la parusía en los relatos neotestamentarios guarda gran similitud con los relatos helenos del regreso de los reyes victoriosos después de la batalla (Pozo, 1980: 107).

Esta segunda venida de Cristo no debe entenderse como un desplazamiento geográfico, es decir, el Señor no deja el lugar físico donde se encuentra para venir a este mundo. En la resurrección de Cristo, la naturaleza humana, asumida por él en la encarnación, sufrió una transformación misteriosa que, no implicando el final de su corporeidad, la hace estar por encima de las leyes físicas del espacio y el tiempo. De este modo, la segunda venida del Señor debe entenderse como una auto-revelación última y definitiva del Amor resucitado, visible para todos los seres.

La obra comenzada en la encarnación está aún inconclusa, ésta es la razón por la que el Hijo volverá; para terminar lo que empezó. La fe cristiana, implica, de este modo, la esperanza en la segunda venida para implantar definitivamente el Reino de Dios, que fue inaugurado en la encarnación, muerte y resurrección de Nuestro Señor. Por Reino de Dios entendemos la dignidad, el poder y la soberanía propias del Dios-amor, capaz de entregar y recuperar la vida y la soberanía sobre todas las cosas. Este reino tiene un carácter cualitativamente distinto, es decir, no es incompatible con los reinos del mundo. Sus fronteras no están delimitadas por los países vecinos, sino por la resistencia que la autonomía del hombre pone al amor de Dios. Así el Reino de Dios puede definirse como un estado en el que entran los hombres y del que gozan eternamente (Schmaus, 1961: 78-125).

Con la parusía tendrá lugar también la resurrección de los muertos, desarrollo máximo de la unión del hombre con Cristo. Con la muerte, tal y como se ha visto líneas arriba, comienza una nueva forma de existencia, pero la vida eterna no es sólo vida del espíritu, sino vida del hombre entero, compuesto de alma y cuerpo. La plenitud y perfección de la vida en el amor, inaugurada por Cristo, no se alcanzará hasta que el hombre participe de su vida gloriosa de Cristo ascendido al Cielo como cabeza de la Iglesia y de la creación entera.

A esta participación se llega plenamente por la resurrección de la carne obrada por el Espíritu Santo, autor de la unidad entre Cristo y los hombres. La desvinculación que se dio entre el cuerpo y el alma del hombre por la muerte desposeyó al ser humano de su dimensión física haciéndolo salir de la historia temporal. Esto no quiere decir que los difuntos sean despojados de su historia personal, de lo contrario la purificación ultraterrena no tendría sentido. En la resurrección de la carne, el ser humano es incluido de nuevo en la dimensión corporal, pero una corporeidad transfigurada que participa ahora de la historia de Dios, historia de vida eterna, de amor eterno.

El mundo también será transformado, de modo que la nueva Tierra (persistente, fuerte y bella, no sometida a cambio) no sólo pueda albergar esta vida en el amor de los resucitados, sino que «hable» de Dios no veladamente, como la actual, sino reflejándolo perfectamente, como un espejo (Schmaus, 1961: 308).

La última consecuencia de la parusía será el *juicio final.* En él no serán corregidos ni revisados los juicios particulares, sino confirmados y dados a conocer públicamente. En el juicio final se pondrá de manifiesto la justicia de Dios, dando a conocer, no sólo los hechos por los que fueron condenados o premiados los hombres individualmente, sino también sus luchas internas. Por otra parte, en él se juzgarán también las obras culturales creadas por el hombre; la filosofía, las artes, la política, las leyes... Se desvelará, en definitiva, todo lo bueno y malo de la historia. El juicio se llevará a cabo mediante la caída de máscaras propiciada por la muerte, dejando la verdad de los hombres a la luz de la verdad del amor de Dios. Por eso, el premio o condenación eterna que se ratificará en el último día no serán impuestos por Dios, sino por los propios hombres que o bien se entregaron al amor de modo desmedido buscando a su Amante o bien se ensimismaron en un amor de autolatría (Ratzinger, 2007: 198-222).

CONCLUSIÓN

Desmayarse, atreverse, estar furioso,
áspero, tierno, liberal, esquivo,
alentado, mortal, difunto, vivo,
leal, traidor, cobarde y animoso;

no hallar fuera del bien centro y reposo,
mostrarse alegre, triste, humilde, altivo,
enojado, valiente, fugitivo,
satisfecho, ofendido, receloso;

huir el rostro al claro desengaño,
beber veneno por licor suave,
olvidar el provecho, amar al daño:

creer que un cielo en un infierno cabe,
dar la vida y el alma a un desengaño;
esto es amor, quien lo probó lo sabe.

(Lope de Vega)

El hombre ha sido creado para amar. A poco que haya estado enamorado, ha vivido como propios estos versos: el amor es esa fuerza que en un instante arrebata de la existencia cotidiana, sustrae del tiempo y del espacio, y hace sentir que no hay fronteras que no pueda trascender. Pero el amor no se reduce a los sentimientos, es real. Se hace verdaderamente presente en la vida de los hombres, a libre voluntad, no depende de nada ni de nadie. Ni siquiera del amado. El ser humano no elige cuándo es alcanzado por él o cuándo se le oculta. El amor es Dios.

Para describirlo, Lope de Vega usa la imagen de multitud de actitudes, muchas de ellas contrarias entre sí, pero todas ellas vividas en primera persona. No basta con ser amado, el hombre puede amar, quiere amar, fue creado a imagen y semejanza del Dios-amor.

En efecto, cada vez que el ser humano se descubre inmerso en los avatares del amor, está, en verdad, dando y recibiendo al mismo Dios que se le ha comunicado, que ama y se deja amar sin fronteras, que perdió la vida para ganar nuestro amor, que quiere compartir su esencia y su existencia con los hombres, un Dios paciente y bondadoso, no envidioso, decoroso; que no busca su interés, que no se irrita, que no toma en cuenta el mal y no se alegra con la injusticia, sino con la verdad. Un Dios que todo lo excusa, todo lo cree, todo lo soporta (1Cor 13, 4-7).

Él es el Dios vivo y mortal, liberal y esquivo, que no halla reposo si no es amando, que se muestra alegre, triste, humilde y altivo. Es el Dios que vuelve la cara a nuestros desaires, que fue capaz de olvidarse de su trono y se vistió de mendigo bebiendo veneno como si de licor dulce se tratase y así implantó su cielo en nuestro infierno. Es el Dios que ofrece su vida y su alma declarándonos su amor para ganar el nuestro. Por este motivo, aunque nos alcance la muerte y nos veamos desprovistos de la capacidad de actuar, el amor no desaparecerá de nuestra existencia. Los cristianos sabemos que el Señor de la Caridad abrirá nuestros sepulcros, nos resucitará para llevarnos de nuevo a la patria de donde un día salimos. Seremos devueltos al Edén, un jardín de delicias en cuyo centro crece el Árbol de la Vida que no cesa de dar frutos de amor.

BIBLIOGRAFÍA

FUENTES

BENEDICTO XVI, *Carta encíclica «Deus caritas est»*, 25-XII-2005.

BIBLIA DE JERUSALÉN, Desclée de Brouwe, Bilbao, 2009.

CONCILIO ECUMÉNICO VATICANO II, *Constitución «Sacrosanctum Concilium» sobre la sagrada Liturgia*, 4-XII-1963.

—, *Constitución dogmática «Lumen Gentium» sobre la Iglesia*, 21-XI-1964.

—, *Constitución pastoral «Gaudium et spes» sobre la Iglesia en el mundo actual*, 7-XII-1965.

DENZINGER, H., HÜNERMANN, P., *El Magisterio de la Iglesia. Enchiridion symbolorum Definitionum et Declaratioum de Rebus Fidei et Morum* (DH), Herder, Barcelona, 2000.

SAN JUAN PABLO II, *Carta encíclica «Veritatis splendor»*, 6-VIII-1993.

—, *Catecismo de la Iglesia Católica*, 15-VIII-1997.

OBRAS Y ESTUDIOS

AMATO, A., *Jesús el Señor*, BAC, Madrid, 2009.

ARNAU-GARCÍA, R., *Tratado general de los sacramentos*, BAC, Madrid, 2007.

BALTHASAR, H. U. Von, *El cristianismo es un don*, Ediciones Paulinas, Madrid, 1972.

BEINERT, W., «El sentido de la Iglesia», en Feiner, J. y Lührer, M. (dir.), *Misterium Salutis. Manual de teología como historia de la salvación*, Madrid, 1973, pp. 298-320.

BOFF, L., *Los sacramentos de la vida*, Sal Terrae, Santander, 2015.

BUBER, M., *Yo y tú*, Caparrós, Madrid, 1993.

CODA, P., *Desde la Trinidad. El advenimiento de Dios entre la historia y la profecía*, Sígueme, Salamanca, 2014.

DE LA POTTERIE, I., *¡María Virgen! En el IV Evangelio. La Madre de Jesús y la concepción virginal del Hijo de Dios. Estudio de teología joanea*, BAC, Madrid, 1979.

De San Víctor, R., *La Trinidad*, Salamanca, Sígueme, 2015.
Duquoc, C., *Cristología. Ensayo dogmático sobre Jesús de Nazaret el Mesías*, Sígueme, Salamanca, 1978.
Fernández Castelao, P., «Antropología teológica», en Cordovilla, A. (ed.), *La lógica de la Fe. Manual de teología dogmática*, Madrid, 2013, pp. 171-274.
Fries, H., «La Revelación», en Feiner, J. y Lührer, M. (dirs.), *Misterium Salutis. Manual de teología como historia de la salvación*, Madrid, 1974, pp. 207-286.
Gilbert, P., *Metafísica. La paciencia de ser*, Sígueme, Salamanca, 2008.
—, «Fenomenología de la misericordia y el evangelio», *Isidorianum*, 49, 2016, pp. 9-28.
Guardini, R., *El Señor*, Cristiandad, Madrid, 2008.
Guillén Torralba, J., «Génesis», en Guijarro Oporto, S. y Salvador García, M., *Comentarios al Antiguo Testamento*, Madrid, 1997, pp. 31-108.
González de Cardenal, O., *La entraña del cristianismo*, Secretariado Trinitario, Salamanca, 1997.
Kehl, M., *Contempló Dios toda su obra y estaba muy bien. Una teología de la creación*, Herder, Barcelona, 2009.
Ladaria, L. F., *Teología del pecado original y de la gracia*, BAC, Madrid, 2012.
Lesquivit, C. y Grelot, P., «Salvación», en Léon-Dufour, X. (dir.), *Vocabulario de teología bíblica*, Barcelona, 1967, pp. 733-738.
Marion, J., *Prolegómenos a la Caridad*, Caparrós, Madrid, 1993.
Martínez Sierra, A., *Antropología teológica fundamental*, BAC, Madrid, 2002.
Mateo Seco, L. F., *Teología trinitaria: Dios Espíritu Santo*, Rialp, Madrid, 2005.
Muller, G. L., *Dogmática. Teoría y práctica de la teología*, Herder, Barcelona, 2009.
Pié-Ninot, S., *La teología fundamental*, BAC, Madrid, 2009.
Ponce Cuéllar, M., *María. Madre del Redentor y Madre de la Iglesia*, Herder, Barcelona, 2001.
Pozo, C., *Teología del más allá*, BAC, Madrid, 1980.
Ramlot, M. L. y Guillet, J., «Promesas», en Léon-Dufour, X. (dir.), *Vocabulario de teología bíblica*, Barcelona, 1967, pp. 649-652.
Ratzinger, J., Benedicto xvi, *Escatología. La muerte y la vida eterna*, Herder, Barcelona, 2007.
—, *Jesús de Nazaret. Desde la entrada en Jerusalén hasta la Resurrección*, Encuentro, Madrid, 2011.
—, *La infancia de Jesús*, Planeta, Barcelona, 2012.

Rigaud, B. y Grelot, P., «Revelación», en Léon-Dufour, X. (dir.), *Vocabulario de teología bíblica*, Barcelona, 1967, pp. 695-702.

Ruiz de la Peña, J. L., *Creación, gracia, salvación*, Sal Terrae, Santander, 1993.

San Agustín de Hipona, *De la Santísima Trinidad*, BAC, Madrid, 1948.

Santo Tomás de Aquino, *Suma Teológica*, BAC, Madrid, 1953.

Scharbert, J., «Historia y economía salvífica en el Antiguo Testamento», en Feiner, J. y Lührer, M. (dir.), *Misterium Salutis. Manual de teología como historia de la salvación*, Madrid, 1977, pp. 825-882.

Schmaus, M., *Teología dogmática, VII. Los novísimos*, Rialp, Madrid, 1961.

Semmelruth, O., «La Iglesia como sacramento de salvación», en Feiner, J. y Lührer, M. (dir.), *Misterium Salutis. Manual de teología como historia de la salvación*, Madrid, 1973, pp. 321-370.

Sicre, J. L., *Profetismo en Israel. El profeta. Los profetas. El mensaje*, Verbo Divino, Estella, 1992.

Wiener, C., «Retribución», en Léon-Dufour, X. (dir.), *Vocabulario de teología bíblica*, Barcelona, 1967, pp. 691-695.

SE ACABÓ DE IMPRIMIR
ESTE LIBRO EL 30
DE ABRIL
DE 20-
25
•